CARTA ENCÍCLICA
ECCLESIA DE EUCHARISTIA
DO SUMO PONTÍFICE JOÃO PAULO II

AOS BISPOS, AOS PRESBÍTEROS E DIÁCONOS,

ÀS PESSOAS CONSAGRADAS

E A TODOS OS FIÉIS LEIGOS

SOBRE A EUCARISTIA

NA SUA RELAÇÃO COM A IGREJA

Paulinas

©Amministrazione del
Patrimonio della Santa Sede Apostolica e ©Dicastero per la Comunicazione –
Libreria Editrice Vaticana, 2003.
Tradução ©Conferência Nacional dos Bispos do Brasil

Direção-geral: *Flávia Reginatto*
Editora responsável: *Noemi Dariva*

15ª edição – 2010
12ª reimpressão – 2025

Nenhuma parte desta obra poderá ser reproduzida ou transmitida por qualquer forma e/ou quaisquer meios (eletrônico ou mecânico, incluindo fotocópia e gravação) ou arquivada em qualquer sistema ou banco de dados sem permissão escrita da Editora. Direitos reservados.

Cadastre-se e receba nossas informações
paulinas.com.br
Telemarketing e SAC: 0800-7010081

Paulinas
Rua Dona Inácia Uchoa, 62
04110-020 – São Paulo – SP (Brasil)
(11) 2125-3500
editora@paulinas.com.br

© Pia Sociedade Filhas de São Paulo – São Paulo, 2003

INTRODUÇÃO

1. A Igreja vive da Eucaristia. Esta verdade não exprime apenas uma experiência diária de fé, mas contém em síntese *o próprio núcleo do mistério da Igreja*. É com alegria que ela experimenta, de diversas maneiras, a realização incessante desta promessa: "Eu estarei sempre convosco, até ao fim do mundo" (Mt 28,20); mas, na sagrada Eucaristia, pela conversão do pão e do vinho no corpo e no sangue do Senhor, goza desta presença com uma intensidade sem par. Desde o Pentecostes, quando a Igreja, povo da nova aliança, iniciou a sua peregrinação para a pátria celeste, este sacramento divino foi ritmando os seus dias, enchendo-os de consoladora esperança.

O Concílio Vaticano II justamente afirmou que o sacrifício eucarístico é "fonte e centro de toda a vida cristã".[1] Com efeito, "na santíssima Eucaristia, está contido todo o tesouro espiritual da Igreja, isto é, o próprio Cristo, a nossa Páscoa e o pão vivo que dá aos

---

[1] Const. dogm. sobre a Igreja *Lumen gentium*, n. 11.

homens a vida mediante a sua carne vivificada e vivificadora pelo Espírito Santo".[2] Por isso, o olhar da Igreja volta-se continuamente para o seu Senhor, presente no sacramento do Altar, onde descobre a plena manifestação do seu imenso amor.

2. Durante o Grande Jubileu do ano 2000, pude celebrar a Eucaristia no Cenáculo de Jerusalém, onde, segundo a tradição, o próprio Cristo a realizou pela primeira vez. *O Cenáculo é o lugar da instituição deste santíssimo sacramento.* Foi lá que Jesus tomou nas suas mãos o pão, partiu-o e deu-o aos seus discípulos, dizendo: "Tomai, todos, e comei: Isto é o meu Corpo que será entregue por vós" (cf. Mt 26,26; Lc 22,19; 1Cor 11,24). Depois, tomou nas suas mãos o cálice com vinho e disse-lhes: "Tomai, todos, e bebei: Este é o cálice do meu Sangue, o Sangue da nova e eterna aliança, que será derramado por vós e por todos para remissão dos pecados" (cf. Mc 14,24; Lc 22,20; 1Cor 11,25). Dou graças ao Senhor Jesus por me ter permitido repetir no mesmo lugar, obedecendo ao seu mandato: "Fazei isto em memória de mim" (Lc 22,19), as palavras por ele pronunciadas há dois mil anos.

---

[2] Conc. Ecum. Vat. II, Decr. sobre o ministério e a vida dos sacerdotes *Presbyterorum ordinis*, n. 5.

Teriam os Apóstolos, que tomaram parte na Última Ceia, entendido o significado das palavras saídas dos lábios de Cristo? Talvez não. Aquelas palavras seriam esclarecidas plenamente só no fim do *Triduum Sacrum*, ou seja, aquele período de tempo que vai da tarde de Quinta-feira Santa até a manhã do Domingo de Páscoa. Nestes dias, está contido o *mysterium paschale*; neles está incluído também o *mysterium eucharisticum*.

3. Do mistério pascal nasce a Igreja. Por isso mesmo a Eucaristia, que é o sacramento por excelência do mistério pascal, *está colocada no centro da vida eclesial*. Isto é visível desde as primeiras imagens da Igreja que nos dão os Atos do Apóstolos: "Eram assíduos ao ensino dos Apóstolos, à união fraterna, à fração do pão, e às orações" (2,42). Na "fração do pão", é evocada a Eucaristia. Dois mil anos depois, continuamos a realizar aquela imagem primordial da Igreja. E, ao fazê-lo na celebração eucarística, os olhos da alma voltam-se para o Tríduo Pascal: para o que se realizou na noite de Quinta-feira Santa, durante a Última Ceia, e nas horas sucessivas. De fato, a instituição da Eucaristia antecipava, sacramentalmente, os acontecimentos que teriam lugar pouco depois, a começar da agonia no Getsêmani. Revemos Jesus que sai do Cenáculo, desce com os discípulos, atravessa a torrente do Cedron e chega ao Horto das Oliveiras. Existem ainda hoje

naquele lugar algumas oliveiras muito antigas; talvez tenham sido testemunhas do que aconteceu junto delas naquela noite, quando Cristo, em oração, sentiu uma angústia mortal "e o seu suor tornou-se-lhe como grossas gotas de sangue, que caíam na terra" (Lc 22,44). O sangue que, pouco antes, tinha entregue à Igreja como vinho de salvação no sacramento eucarístico, *começava a ser derramado*; a sua efusão completar-se-ia depois no Gólgota, tornando-se o instrumento da nossa redenção: "Cristo, vindo como Sumo Sacerdote dos bens futuros [...] entrou uma só vez no Santo dos Santos, não com o sangue dos carneiros ou dos bezerros, mas com o seu próprio sangue, tendo obtido uma redenção eterna" (Hb 9,11-12).

4. *A hora da nossa redenção*. Embora profundamente turvado, Jesus não foge ao ver chegar a sua "hora": "E que direi Eu? Pai, salva-me desta hora? Mas por causa disto é que cheguei a esta hora!" (Jo 12,27). Quer que os discípulos lhe façam companhia, mas deve experimentar a solidão e o abandono: "Nem sequer pudestes vigiar uma hora comigo. Vigiai e orai para não cairdes em tentação" (Mt 26,40-41). Aos pés da cruz, estará apenas João ao lado de Maria e das piedosas mulheres. A agonia no Getsêmani foi o prelúdio da agonia na cruz de Sexta-feira Santa. *A hora santa*, a hora da redenção do mundo. Quando se celebra a Eucaristia na basílica do Santo Sepulcro, em Jerusalém,

volta-se de modo quase palpável à "hora" de Jesus, a hora da cruz e da glorificação. Até àquele lugar e àquela hora se deixa transportar em espírito cada presbítero ao celebrar a santa missa, juntamente com a comunidade cristã que nela participa.

"Foi crucificado, morto e sepultado; desceu à mansão dos mortos; ressuscitou ao terceiro dia." Estes artigos da profissão de fé ecoam nas seguintes palavras de contemplação e proclamação: *Ecce lignum crucis in quo salus mundi pependit. Venite adoremus –* "Eis o madeiro da Cruz, no qual esteve suspenso o Salvador do mundo. Vinde adoremos!" É o convite que a Igreja faz a todos na tarde de Sexta-feira Santa. E, quando voltar novamente a cantar já no tempo pascal, será para proclamar: *Surrexit Dominus de sepulcro qui pro nobis pependit in ligno. Alleluia –* "Ressuscitou do sepulcro o Senhor que por nós esteve suspenso no madeiro. Aleluia".

5. *Mysterium fidei!* – "Mistério da fé". Quando o sacerdote pronuncia ou canta estas palavras, os presentes aclamam: "Anunciamos, Senhor, a vossa morte e proclamamos a vossa ressurreição. Vinde, Senhor Jesus!"

Com estas palavras ou outras semelhantes, a Igreja, ao mesmo tempo que apresenta Cristo no mistério da sua Paixão, *revela também o seu próprio mistério: Ecclesia de Eucharistia*. Se é com o dom do Espírito Santo, no Pentecostes, que a Igreja nasce e se encaminha pelas estradas do mundo, um momento decisivo da sua formação foi certamente a instituição da Eucaristia no Cenáculo. O seu fundamento e a sua fonte é todo o *Triduum Paschale*, mas este está de certo modo guardado, antecipado e "concentrado" para sempre no dom eucarístico. Neste, Jesus Cristo entregava à Igreja a atualização perene do mistério pascal. Com ele, instituía uma misteriosa "contemporaneidade" entre aquele *Triduum* e o arco inteiro dos séculos.

Este pensamento suscita em nós sentimentos de grande e reconhecido enlevo. Há, no evento pascal e na Eucaristia que o atualiza ao longo dos séculos, uma "capacidade" realmente imensa, na qual está contida a história inteira, enquanto destinatária da graça da redenção. Este enlevo deve invadir sempre a assembléia eclesial reunida para a celebração eucarística; mas, de maneira especial, deve inundar o ministro da Eucaristia, o qual, pela faculdade recebida na Ordenação sacerdotal, realiza a consagração; é ele, com o poder que lhe vem de Cristo, do Cenáculo, que pronuncia: "Isto é o meu Corpo que será entregue por vós"; "este é o cálice do meu Sangue, [...] que será derramado por vós". O sacerdote pronuncia estas palavras ou, antes, *coloca a sua boca e a sua voz à disposição daquele que as pronunciou no Cenáculo* e quis que fossem repetidas de geração em geração por todos aqueles que, na Igreja, participam ministerialmente do seu sacerdócio.

6. É este "enlevo" eucarístico que desejo despertar com esta carta encíclica, que dá continuidade à herança jubilar que quis entregar à Igreja com a carta apostólica *Novo millennio ineunte* e o seu coroamento mariano – a carta apostólica *Rosarium Virginis Mariae*. Contemplar o rosto de Cristo e contemplá-lo com Maria é o "programa" que propus à Igreja na aurora do Terceiro Milênio, convidando-a a fazer-se ao largo no mar da história lançando-se com entusiasmo na nova evangelização. Contemplar Cristo implica saber reconhecê-lo onde quer que ele se manifeste, com as suas diversas presenças mas sobretudo no sacramento vivo do seu corpo e do seu sangue. *A Igreja vive de Jesus eucarístico*, por ele é nutrida, por ele é iluminada. A Eucaristia é mistério de fé e, ao mesmo tempo, "mistério de luz".[3] Sempre que a Igreja a celebra, os fiéis podem de certo modo reviver a experiência dos dois discípulos de Emaús: "Abriram-se-lhes os olhos e reconheceram-no" (Lc 24,31).

---

[3] Cf. João Paulo II, Carta ap. *Rosarium Virginis Mariae* (16 de outubro de 2002), 21: *AAS* 95 (2003), n. 19.

7. Desde quando iniciei o ministério de sucessor de Pedro, sempre quis contemplar a Quinta-feira Santa, dia da Eucaristia e do Sacerdócio, com um sinal de particular atenção enviando uma carta a todos os sacerdotes do mundo. Neste vigésimo quinto ano do meu Pontificado, desejo envolver mais plenamente a Igreja inteira nesta reflexão eucarística para agradecer ao Senhor especialmente pelo dom da Eucaristia e do sacerdócio: "Dom e mistério".[4] Se, ao proclamar o Ano do Rosário, quis pôr este meu vigésimo quinto ano *sob o signo da contemplação de Cristo na escola de Maria*, não posso deixar passar esta Quinta-feira Santa de 2003 sem me deter diante do "rosto eucarístico" de Jesus, propondo à Igreja, com renovado ardor, a centralidade da Eucaristia. Dela vive a Igreja; nutre-se deste "pão vivo". Por isso senti a necessidade de exortar a todos a experimentá-lo sempre de novo.

8. Quando penso na Eucaristia e olho para a minha vida de sacerdote, de bispo, de sucessor de Pedro, espontaneamente ponho-me a recordar tantos momentos e lugares onde tive a dita de celebrá-la. Recordo a igreja paroquial de Niegowi, onde desempenhei o meu primeiro encargo pastoral, a colegiada de São Floriano

---

[4] Assim quis intitular um testemunho autobiográfico que escrevi por ocasião das Bodas de Ouro do meu sacerdócio.

em Cracóvia, a catedral do Wawel, a basílica de São Pedro e tantas basílicas e igrejas de Roma e do mundo inteiro. Pude celebrar a santa missa em capelas situadas em caminhos de montanha, nas margens dos lagos, à beira do mar; celebrei-a em altares construídos nos estádios, nas praças das cidades... Este cenário tão variado das minhas celebrações eucarísticas faz-me experimentar intensamente o seu caráter universal e, por assim dizer, cósmico. Sim, cósmico! Porque mesmo quando tem lugar no pequeno altar duma igreja de aldeia, a Eucaristia é sempre celebrada, de certo modo, *sobre o altar do mundo*. Une o céu e a terra. Abraça e impregna toda a criação. O Filho de Deus fez-se homem para, num supremo ato de louvor, devolver toda a criação Àquele que a fez surgir do nada. Assim, ele, o sumo e eterno Sacerdote, entrando com o sangue da sua cruz no santuário eterno, devolve ao Criador e Pai toda a criação redimida. Fá-lo através do ministério sacerdotal da Igreja, para glória da Santíssima Trindade. Verdadeiramente este é o *mysterium fidei* que se realiza na Eucaristia: o mundo saído das mãos de Deus criador volta a ele redimido por Cristo.

9. A Eucaristia, presença salvífica de Jesus na comunidade dos fiéis e seu alimento espiritual, é o que de mais precioso pode ter a Igreja no seu caminho ao longo da história. Assim se explica a *cuidadosa atenção* que ela sempre reservou ao mistério eucarístico,

uma atenção que sobressai com autoridade no magistério dos Concílios e dos Sumos Pontífices. Como não admirar as exposições doutrinais dos decretos sobre a Santíssima Eucaristia e sobre o Santo Sacrifício da Missa promulgados pelo Concílio de Trento? Aquelas páginas guiaram a teologia e a catequese nos séculos sucessivos, permanecendo ainda como ponto de referência dogmático para a incessante renovação e crescimento do povo de Deus na sua fé e amor à Eucaristia. Em tempos mais recentes, há que mencionar três encíclicas: a encíclica *Mirae caritatis* de Leão XIII (28 de maio de 1902),[5] a encíclica *Mediator Dei* de Pio XII (20 de novembro de 1947)[6] e a encíclica *Mysterium fidei* de Paulo VI (3 de setembro de 1965).[7]

O Concílio Vaticano II, embora não tenha publicado qualquer documento específico sobre o mistério eucarístico, todavia ilustra os seus vários aspectos no conjunto dos documentos, especialmente na constituição dogmática sobre a Igreja *Lumen gentium* e na constituição sobre a sagrada Liturgia *Sacrosanctum concilium*.

---

[5] *Leonis XIII Acta*, XXII (1903), 115-136.

[6] *AAS* 39 (1947), 521-595.

[7] *AAS* 57 (1965), 753-774.

Eu mesmo, nos primeiros anos do meu ministério apostólico na Cátedra de Pedro, tive oportunidade de tratar alguns aspectos do mistério eucarístico e da sua incidência na vida daquele que é o seu ministro, com a carta apostólica *Dominicae Cenae* (24 de fevereiro de 1980).[8] Hoje retomo o fio daquele discurso com o coração transbordante de emoção e gratidão, dando eco às palavras do Salmista: "Que darei eu ao Senhor por todos os seus benefícios? Elevarei o cálice da salvação invocando o nome do Senhor" (Sl 116/ 115,12-13).

10. A este esforço de anúncio por parte do Magistério correspondeu um crescimento interior da comunidade cristã. Não há dúvida de que *a reforma litúrgica do Concílio* trouxe grandes vantagens para uma participação mais consciente, ativa e frutuosa dos fiéis no santo sacrifício do altar. Mais ainda, em muitos lugares, é dedicado amplo espaço à *adoração do Santíssimo Sacramento*, tornando-se fonte inesgotável de santidade. A devota participação dos fiéis na procissão eucarística da solenidade do Corpo e Sangue de Cristo é uma graça do Senhor que anualmente enche de alegria quantos nela participam. E mais sinais positivos de fé e de amor eucarísticos se poderiam mencionar.

---

[8] *AAS* 72 (1980), 113-148.

A par destas luzes, *não faltam sombras*, infelizmente. De fato, há lugares onde se verifica um abandono quase completo do culto de adoração eucarística. Num contexto eclesial ou outro, existem abusos que contribuem para obscurecer a reta fé e a doutrina católica acerca deste admirável sacramento. Às vezes transparece uma compreensão muito redutiva do mistério eucarístico. Despojado do seu valor sacrificial, é vivido como se em nada ultrapassasse o sentido e o valor de um encontro fraterno ao redor da mesa. Além disso, a necessidade do sacerdócio ministerial, que assenta na sucessão apostólica, fica às vezes obscurecida, e a sacramentalidade da Eucaristia é reduzida à simples eficácia do anúncio. Aparecem depois, aqui e além, iniciativas ecumênicas que, embora bem intencionadas, levam a práticas na Eucaristia contrárias à disciplina que serve à Igreja para exprimir a sua fé. Como não manifestar profunda mágoa por tudo isto? A Eucaristia é um dom demasiado grande para suportar ambigüidades e reduções.

Espero que esta minha carta encíclica possa contribuir eficazmente para dissipar as sombras de doutrinas e práticas não aceitáveis, a fim de que a Eucaristia continue a resplandecer em todo o fulgor do seu mistério.

CAPÍTULO I

MISTÉRIO DA FÉ

11. "O Senhor Jesus, na noite em que foi entregue" (1Cor 11,23), instituiu o sacrifício eucarístico do seu corpo e sangue. As palavras do apóstolo Paulo recordam-nos as circunstâncias dramáticas em que nasceu a Eucaristia. Esta tem indelevelmente inscrito nela o evento da paixão e morte do Senhor. Não é só a sua evocação, mas presença sacramental. É o sacrifício da cruz que se perpetua através dos séculos.[9] Esta verdade está claramente expressa nas palavras com que o povo, no rito latino, responde à proclamação "mistério da fé" feita pelo sacerdote: *"Anunciamos, Senhor, a vossa morte"*.

A Igreja recebeu a Eucaristia de Cristo seu Senhor, não como um dom, embora precioso, entre muitos outros, mas como *o dom por excelência*, porque

---

[9] Cf. Conc. Ecum. Vat. II, Const. sobre a sagrada Liturgia *Sacrosanctum concilium*, n. 47: "O nosso Salvador instituiu [...] o sacrifício eucarístico do seu Corpo e do seu Sangue para perpetuar pelo decorrer dos séculos, até Ele voltar, o sacrifício da cruz".

dom dele mesmo, da sua Pessoa na humanidade sagrada, e também da sua obra de salvação. Esta não fica circunscrita no passado, pois "tudo o que Cristo é, tudo o que fez e sofreu por todos os homens, participa da eternidade divina, e assim transcende todos os tempos e em todos se torna presente".[10]

Quando a Igreja celebra a Eucaristia, memorial da morte e ressurreição do seu Senhor, este acontecimento central de salvação torna-se realmente presente e "realiza-se também a obra da nossa redenção".[11] Este sacrifício é tão decisivo para a salvação do gênero humano que Jesus Cristo realizou-o e só voltou ao Pai *depois de nos ter deixado o meio para dele participarmos* como se tivéssemos estado presentes. Assim cada fiel pode tomar parte nela, alimentando-se dos seus frutos inexauríveis. Esta é a fé que as gerações cristãs viveram ao longo dos séculos, e que o magistério da Igreja tem continuamente reafirmado com jubilosa gratidão por dom tão inestimável.[12] É esta verdade que desejo recordar mais uma vez, colocando-me convosco, meus queridos irmãos e irmãs, em adoração diante

---

[10] *Catecismo da Igreja Católica*, n. 1085.

[11] Conc. Ecum. Vat. II, Const. dogm. sobre a Igreja *Lumen gentium*, n. 3.

[12] Cf. Paulo VI, *Solene profissão de fé* (30 de junho de 1968), 24: *AAS* 60 (1968), 442; João Paulo II, Carta ap. *Dominicae Cenae* (24 de fevereiro de 1980), 12: *AAS* 72 (1980), 142.

deste mistério: mistério grande, mistério de misericórdia. Que mais poderia Jesus ter feito por nós? Verdadeiramente, na Eucaristia demonstra-nos um amor levado até ao "extremo" (cf. Jo 13,1), um amor sem medida.

12. Este aspecto de caridade universal do sacramento eucarístico está fundado nas próprias palavras do Salvador. Ao instituí-lo, não se limitou a dizer "isto é o meu corpo", "isto é o meu sangue", mas acrescenta: "entregue por vós [...] derramado por vós" [Lc 22,19-20). Não se limitou a afirmar que o que lhes dava a comer e a beber era o seu corpo e o seu sangue, mas exprimiu também o seu *valor sacrificial*, tornando sacramentalmente presente o seu sacrifício, que algumas horas depois realizaria na cruz pela salvação de todos. "A Missa é, ao mesmo tempo e inseparavelmente, o memorial sacrificial em que se perpetua o sacrifício da cruz e o banquete sagrado da comunhão do corpo e sangue do Senhor."[13]

A Igreja vive continuamente do sacrifício redentor, e tem acesso a ele não só através duma lembrança cheia de fé, mas também com um contato atual, porque *este sacrifício volta a estar presente*, perpetuando-se, sacramentalmente, em cada comunidade que o

---

[13] *Catecismo da Igreja Católica*, n. 1382.

oferece pela mão do ministro consagrado. Deste modo, a Eucaristia aplica aos homens de hoje a reconciliação obtida de uma vez para sempre por Cristo para a humanidade de todos os tempos. Com efeito, "o sacrifício de Cristo e o sacrifício da Eucaristia são *um único sacrifício*".[14] Já o afirmava em palavras expressivas são João Crisóstomo: "Nós oferecemos sempre o mesmo Cordeiro, e não um hoje e amanhã outro, mas sempre o mesmo. Por este motivo, o sacrifício é sempre um só. [...] Também agora estamos a oferecer a mesma vítima que então foi oferecida e que jamais se exaurirá".[15]

A Missa torna presente o sacrifício da cruz; não é mais um, nem o multiplica.[16] O que se repete é a celebração *memorial*, a "exposição memorial" (*memorialis demonstratio*),[17] de modo que o único e definitivo sacrifício redentor de Cristo se atualiza incessantemente no tempo. Portanto, a natureza sacrificial do mistério eucarístico não pode ser entendida como algo isolado, independente da cruz ou com uma referência apenas indireta ao sacrifício do Calvário.

---

[14] *Ibid.*, n. 1367.

[15] *Homilias sobre a Carta aos Hebreus*, 17, 3: *PG* 63, 131.

[16] "Trata-se realmente de uma única e mesma vítima, que o próprio Jesus oferece pelo ministério dos sacerdotes, ele que um dia se ofereceu a si mesmo na cruz; somente o modo de oferecer-se é que é diverso": Conc. Ecum. de Trento, Sess. XXII, *Doctrina de ss. Missae sacrificio*, cap. 2: *DS* 1743.

[17] Pio XII, Carta enc. *Mediator Dei* (20 de novembro de 1947): *AAS* 39 (1947), 548.

13. Em virtude de sua íntima relação com o sacrifício do Gólgota, a Eucaristia é *sacrifício em sentido próprio*, e não apenas em sentido genérico como se se tratasse simplesmente da oferta de Cristo aos fiéis para seu alimento espiritual. Com efeito, o dom do seu amor e da sua obediência até ao extremo de dar a vida (cf. Jo 10,17-18) é em primeiro lugar um dom a seu Pai. Certamente, é um dom em nosso favor, antes em favor de toda a humanidade (cf. Mt 26,28; Mc 14,24; Lc 22,20; Jo 10,15), mas *primariamente um dom ao Pai*: "Sacrifício que o Pai aceitou, retribuindo esta doação total de seu Filho, que se fez 'obediente até a morte' (Fl 2,8), com a sua doação paterna, ou seja, com o dom da nova vida imortal na ressurreição".[18]

Ao entregar à Igreja o seu sacrifício, Cristo quis também assumir o sacrifício espiritual da Igreja, chamada por sua vez a oferecer-se a si própria juntamente com o sacrifício de Cristo. Assim no-lo ensina o Concílio Vaticano II: "Pela participação no sacrifício eucarístico de Cristo, fonte e centro de toda a vida cristã, [os fiéis] oferecem a Deus a vítima divina e a si mesmos juntamente com ela".[19]

---

[18] João Paulo II, Carta enc. *Redemptor hominis* (15 de março de 1979), 20: *AAS* 71 (1979), 310.

[19] Const. dogm. sobre a Igreja *Lumen gentium*, n. 11.

14. A Páscoa de Cristo inclui, juntamente com a paixão e morte, a sua ressurreição. Assim o lembra a aclamação da assembléia depois da consagração: *"Proclamamos a vossa ressurreição"*. Com efeito, o sacrifício eucarístico torna presente não só o mistério da paixão e morte do Salvador, mas também o mistério da ressurreição, que dá ao sacrifício a sua coroação. Por estar vivo e ressuscitado é que Cristo pode tornar-se "pão da vida" (Jo 6,35.48), "pão vivo" (Jo 6,51), na Eucaristia. Santo Ambrósio lembrava aos neófitos esta verdade, aplicando às suas vidas o acontecimento da ressurreição: "Se hoje Cristo é teu, ele ressuscita para ti cada dia".[20] Por sua vez, são Cirilo de Alexandria sublinhava que a participação nos santos mistérios "é uma verdadeira confissão e recordação de que o Senhor morreu e voltou à vida por nós e em nosso favor".[21]

15. A reprodução sacramental na santa missa do sacrifício de Cristo coroado pela sua ressurreição implica uma presença muito especial, que – para usar palavras de Paulo VI – "chama-se 'real', não a título exclusivo como se as outras presenças não fossem 'reais', mas por excelência, porque é substancial, e por-

---

[20] *De Sacramentis*, V, 4, 26: *CSEL* 73, 70.

[21] *Comentário ao evangelho de João*, XII, 20: *PG* 74, 726.

que por ela se torna presente Cristo completo, Deus e homem".[22] Reafirma-se assim a doutrina sempre válida do Concílio de Trento: "Pela consagração do pão e do vinho opera-se a conversão de toda a substância do pão na substância do corpo de Cristo nosso Senhor, e de toda a substância do vinho na substância do seu sangue; a esta mudança, a Igreja Católica chama, de modo conveniente e apropriado, transubstanciação".[23] Verdadeiramente a Eucaristia é *mysterium fidei*, mistério que supera os nossos pensamentos e só pode ser aceita pela fé, como lembram freqüentemente as catequeses patrísticas sobre este sacramento divino. "Não hás de ver – exorta são Cirilo de Jerusalém – o pão e o vinho [consagrados] simplesmente como elementos naturais, porque o Senhor disse expressamente que são o seu corpo e o seu sangue: a fé assegura-te, ainda que os sentidos possam sugerir-te outra coisa".[24]

"*Adoro te devote, latens Deitas*": continuaremos a cantar com santo Tomás, o Doutor Angélico. Diante deste mistério de amor, a razão humana experimenta toda a sua limitação.

---

[22] Carta enc. *Mysterium fidei* (3 de setembro de 1965): *AAS* 57 (1965), 764.

[23] Sess. XIII, *Decretum de ss. Eucharistia*, cap. 4: *DS* 1642.

[24] *Catequeses mistagógicas*, IV, 6: *SCh* 126, 138.

Compreende-se como, ao longo dos séculos, esta verdade tenha estimulado a teologia a árduos esforços de compreensão. São esforços louváveis, tanto mais úteis e incisivos se capazes de conjugarem o exercício crítico do pensamento com a "vida de fé" da Igreja, individuada especialmente "no carisma da verdade" do Magistério e na "íntima inteligência que experimentam das coisas espirituais",[25] sobretudo os Santos. Permanece o limite apontado por Paulo VI: "Toda a explicação teológica que queira penetrar de algum modo neste mistério, para estar de acordo com a fé católica, deve assegurar que na sua realidade objetiva, independentemente do nosso entendimento, o pão e o vinho deixaram de existir depois da consagração, de modo que a partir desse momento são o corpo e o sangue adoráveis do Senhor Jesus que estão realmente presentes diante de nós sob as espécies sacramentais do pão e do vinho".[26]

16. A eficácia salvífica do sacrifício realiza-se plenamente na comunhão, ao recebermos o corpo e o sangue do Senhor. O sacrifício eucarístico está particularmente orientado para a união íntima dos fiéis

---

[25] Conc. Ecum. Vat. II, Const. dogm. sobre a divina Revelação *Dei Verbum*, n. 8.

[26] *Solene profissão de fé* (30 de junho de 1968), 25: *AAS* 60 (1968), 442-443.

com Cristo através da comunhão: recebemos a ele mesmo que se ofereceu por nós, o seu corpo entregue por nós na cruz, o seu sangue "derramado por muitos para a remissão dos pecados" (Mt 26,28). Recordemos as suas palavras: "Assim como o Pai, que vive, me enviou e eu vivo pelo Pai, assim também o que me come viverá por mim" (Jo 6,57). O próprio Jesus nos assegura que tal união, por ele afirmada em analogia com a união da vida trinitária, se realiza verdadeiramente. *A Eucaristia é verdadeiro banquete*, onde Cristo se oferece como alimento. A primeira vez que Jesus anunciou este alimento, os ouvintes ficaram perplexos e desorientados, obrigando o Mestre a insistir na dimensão real das suas palavras: "Em verdade, em verdade vos digo: se não comerdes a carne do Filho do Homem e não beberdes o seu sangue, não tereis a vida em vós" (Jo 6,53). Não se trata de alimento em sentido metafórico, mas "a minha carne é, em verdade, uma comida, e o meu sangue é, em verdade, uma bebida" (Jo 6,55).

17. Através da comunhão do seu corpo e sangue, Cristo comunica-nos também o seu Espírito. Escreve santo Efrém: "Chamou o pão seu corpo vivo, encheu-o de si próprio e do seu Espírito. [...] E aquele que o come com fé, come Fogo e Espírito. [...] Tomai e comei-o todos; e, com ele, comei o Espírito Santo. De fato, é verdadeiramente o meu corpo, e quem o come

viverá eternamente".[27] A Igreja pede este Dom divino, raiz de todos os outros dons, na epiclese eucarística. Assim reza, por exemplo, a *Divina Liturgia* de são João Crisóstomo: "Nós vos invocamos, pedimos e suplicamos: enviai o vosso Santo Espírito sobre todos nós e sobre estes dons, [...] para que sirvam a quantos deles participarem de purificação da alma, remissão dos pecados, comunicação do Espírito Santo".[28] E, no *Missal Romano*, o celebrante suplica: "Fazei que, alimentando-nos do Corpo e Sangue do vosso Filho, cheios do seu Espírito Santo, sejamos em Cristo um só corpo e um só espírito".[29] Assim, pelo dom do seu corpo e sangue, Cristo aumenta em nós o dom do seu Espírito, já infundido no Batismo e recebido como "selo" no sacramento da Confirmação.

18. A aclamação do povo depois da consagração termina com as palavras *"Vinde, Senhor Jesus"*, justamente exprimindo a tensão escatológica que caracteriza a celebração eucarística (cf. 1Cor 11,26). A Eucaristia é tensão para a meta, antegozo da alegria plena prometida por Cristo (cf. Jo 15,11); de certa forma, é

---

[27] *Homilia IV para a Semana Santa: CSCO* 413 / *Syr.* 182, 55.

[28] *Anáfora.*

[29] *Oração Eucarística III.*

antecipação do Paraíso, "penhor da futura glória".[30] A Eucaristia é celebrada na ardente expectativa de alguém, ou seja, "enquanto esperamos a vinda gloriosa de Jesus Cristo nosso Salvador".[31] Quem se alimenta de Cristo na Eucaristia não precisa de esperar o Além para receber a vida eterna: *já a possui na terra*, como primícias da plenitude futura, que envolverá o homem na sua totalidade. De fato, na Eucaristia recebemos a garantia também da ressurreição do corpo no fim do mundo: "Quem come a minha carne e bebe o meu sangue tem a vida eterna e eu o ressuscitarei no último dia" (Jo 6,54). Esta garantia da ressurreição futura deriva do fato de a carne do Filho do Homem, dada em alimento, ser o seu corpo no estado glorioso de ressuscitado. Pela Eucaristia, assimila-se, por assim dizer, o "segredo" da ressurreição. Por isso, santo Inácio de Antioquia justamente definia o Pão eucarístico como "remédio de imortalidade, antídoto para não morrer".[32]

19. A tensão escatológica suscitada pela Eucaristia *exprime e consolida a comunhão com a Igreja celeste*. Não é por acaso que, nas Anáforas orientais e

---

[30] Antífona do *Magnificat* nas II Vésperas da Solenidade do SS. Corpo e Sangue de Cristo.

[31] *Missal Romano,* Embolismo depois do pai-nosso.

[32] *Carta aos Efésios*, 20: *PG* 5, 661.

nas Orações Eucarísticas latinas, se lembra com veneração Maria sempre Virgem, Mãe do nosso Deus e Senhor Jesus Cristo, os anjos, os santos apóstolos, os gloriosos mártires e todos os santos. Trata-se de um aspecto da Eucaristia que merece ser assinalado: ao celebrarmos o sacrifício do Cordeiro unimo-nos à liturgia celeste, associando-nos àquela multidão imensa que grita: "A salvação pertence ao nosso Deus, que está sentado no trono, e ao Cordeiro" (Ap 7,10). A Eucaristia é verdadeiramente um pedaço de céu que se abre sobre a terra; é um raio de glória da Jerusalém celeste, que atravessa as nuvens da nossa história e vem iluminar o nosso caminho.

20. Conseqüência significativa da tensão escatológica presente na Eucaristia é o estímulo que dá à nossa caminhada na história, lançando uma semente de ativa esperança na dedicação diária de cada um aos seus próprios deveres. De fato se a visão cristã leva a olhar para o "novo céu" e a "nova terra" (Ap 21,1), isso não enfraquece, antes *estimula o nosso sentido de responsabilidade pela terra presente.*[33] Desejo reafirmá-lo

---

[33] Cf. Conc. Ecum. Vat. II, Const. past. sobre a Igreja no mundo contemporâneo *Gaudium et spes*, n. 39.

com vigor ao início do Novo Milênio, para que os cristãos se sintam ainda mais decididos a não descurar os seus deveres de cidadãos terrenos. Têm o dever de contribuir com a luz do Evangelho para a edificação de um mundo à medida do homem e plenamente conforme ao desígnio de Deus.

Muitos são os problemas que obscurecem o horizonte do nosso tempo. Basta pensar quanto seja urgente trabalhar pela paz, colocar sólidas premissas de justiça e solidariedade nas relações entre os povos, defender a vida humana desde a concepção até o seu termo natural. E também que dizer das mil contradições dum mundo "globalizado", onde parece que os mais débeis, os mais pequenos e os mais pobres pouco podem esperar? É neste mundo que tem de brilhar a esperança cristã! Foi também para isto que o Senhor quis ficar conosco na Eucaristia, inserindo nesta sua presença sacrificial e comensal a promessa duma humanidade renovada pelo seu amor. É significativo que, no lugar onde os Sinóticos narram a instituição da Eucaristia, o evangelho de João proponha, ilustrando assim o seu profundo significado, a narração do "lava-pés", gesto este que faz de Jesus mestre de comunhão e de serviço (cf. Jo 13,1-20). O apóstolo Paulo, por sua vez, qualifica como "indigna" duma comunidade cristã a participação na Ceia do Senhor que se verifique num contexto de discórdia e de indiferença pelos pobres (cf. 1Cor 11,17-22.27-34).[34]

Anunciar a morte do Senhor "até que ele venha" (1Cor 11,26) inclui, para os que participam na Eucaristia, o compromisso de transformarem a vida, de tal forma que esta se torne, de certo modo, toda "eucarística". São precisamente este fruto de transfiguração da existência e o empenho de transformar o mundo segundo o Evangelho que fazem brilhar a tensão escatológica da celebração eucarística e de toda a vida cristã: "Vinde, Senhor Jesus!" (cf. Ap 22,20).

---

[34] "Queres honrar o Corpo de Cristo? Não permitas que seja desprezado nos seus membros, isto é, nos pobres que não têm que vestir, nem o honres aqui no templo com vestes de seda, enquanto lá fora o abandonas ao frio e à nudez. Aquele que disse: 'Isto é o meu Corpo', [...] também afirmou: 'Vistes-me com fome e não me destes de comer', e ainda: 'Na medida em que o recusastes a um destes meus irmãos mais pequeninos, a mim o recusastes. [...] De que serviria, afinal, adornar a mesa de Cristo com vasos de ouro, se ele morre de fome na pessoa dos pobres? Primeiro dá de comer a quem tem fome, e depois ornamenta a sua mesa com o que sobra'": são João Crisóstomo, *Homilias sobre o evangelho de Mateus,* 50,3-4: *PG* 58, 508-509; cf. João Paulo II, Carta enc. *Sollicitudo rei socialis* (30 de dezembro de 1987), 31: *AAS* 80 (1988), 553-556.

Capítulo II

A EUCARISTIA
EDIFICA A IGREJA

21. O Concílio Vaticano II veio recordar que a celebração eucarística está no centro do processo de crescimento da Igreja. De fato, depois de afirmar que "a Igreja, ou seja, o Reino de Cristo já presente em mistério, cresce visivelmente no mundo pelo poder de Deus",[35] querendo de algum modo responder à questão sobre o modo como cresce, acrescenta: "Sempre que no altar se celebra o sacrifício da cruz, no qual 'Cristo, nossa Páscoa, foi imolado' (1Cor 5,7), realiza-se também a obra da nossa redenção. Pelo sacramento do pão eucarístico, ao mesmo tempo é representada e se realiza a unidade dos fiéis, que constituem um só corpo em Cristo (cf. 1Cor 10,17)".[36]

---

[35] Const. dogm. sobre a Igreja *Lumen gentium*, n. 3.

[36] *Ibid.*, n. 3.

Existe *um influxo causal da Eucaristia* nas próprias origens da Igreja. Os evangelistas especificam que foram os Doze, os Apóstolos, que estiveram reunidos com Jesus na Última Ceia (cf. Mt 26,20; Mc 14,17; Lc 22,14). Trata-se de um detalhe de notável importância, porque os Apóstolos "foram a semente do novo Israel e ao mesmo tempo a origem da sagrada hierarquia".[37] Ao oferecer-lhes o seu corpo e sangue como alimento, Cristo envolvia-os misteriosamente no sacrifício que iria consumar-se dentro de poucas horas no Calvário. De modo análogo à aliança do Sinai, que foi selada com um sacrifício e a aspersão do sangue,[38] os gestos e as palavras de Jesus na Última Ceia lançavam os alicerces da nova comunidade messiânica, povo da nova aliança.

No Cenáculo, os Apóstolos, tendo aceito o convite de Jesus: "Tomai, comei [...]. Bebei dele todos" (Mt 26,26.27), entraram pela primeira vez em comunhão sacramental com ele. Desde então e até o fim dos séculos, a Igreja edifica-se através da comunhão sacramental com o Filho de Deus imolado por nós: "Fazei

---

[37] Conc. Ecum. Vat. II, Decr. sobre a atividade missionária da Igreja *Ad gentes*, n. 5.

[38] "Moisés tomou o sangue e aspergiu com ele o povo, dizendo: 'Este é o sangue da aliança que o Senhor concluiu convosco mediante todas estas palavras'" (Ex 24,8).

isto em minha memória [...]. Todas as vezes que o beberdes, fazei-o em minha memória" (1Cor 11,24-25; cf. Lc 22,19).

22. A incorporação em Cristo, realizada pelo Batismo, renova-se e consolida-se continuamente através da participação no sacrifício eucarístico, sobretudo na sua forma plena que é a comunhão sacramental. Podemos dizer não só que *cada um de nós recebe Cristo*, mas também que *Cristo recebe cada um de nós*. Ele intensifica a sua amizade conosco: "Chamei-vos amigos" (Jo 15,14). Mais ainda, nós vivemos por ele: "O que me come viverá por mim" (Jo 6,57). Na comunhão eucarística, realiza-se de modo sublime a inabitação mútua de Cristo e do discípulo: "Permanecei em mim e eu permanecerei em vós" (Jo 15,4).

Unindo-se a Cristo, o povo da nova aliança não se fecha em si mesmo; pelo contrário, torna-se "sacramento" para a humanidade,[39] sinal e instrumento da salvação realizada por Cristo, luz do mundo e sal da terra (cf. Mt 5,13-16) para a redenção de todos.[40] A missão da Igreja está em continuidade com a de Cristo: "Assim como o Pai me enviou, também eu vos en-

---

[39] Conc. Ecum. Vat. II, Const. dogm. sobre a Igreja *Lumen gentium*, n. 1.

[40] Cf. *ibid.*, n. 9.

vio a vós" (Jo 20,21). Por isso, a Igreja tira a força espiritual de que necessita para levar a cabo a sua missão da perpetuação do sacrifício da cruz na Eucaristia e da comunhão do corpo e sangue de Cristo. Deste modo, a Eucaristia apresenta-se como *fonte* e simultaneamente *vértice* de toda a evangelização, porque o seu fim é a comunhão dos homens com Cristo e, nele, com o Pai e com o Espírito Santo.[41]

23. Pela comunhão eucarística, a Igreja é consolidada igualmente na sua unidade de corpo de Cristo. A este *efeito unificador* que tem a participação no banquete eucarístico, alude são Paulo quando diz aos coríntios: "O pão que partimos não é a comunhão do corpo de Cristo? Uma vez que há um só pão, nós, embora sendo muitos, formamos um só corpo, porque todos participamos do mesmo pão" (1Cor 10,16-17). Concreto e profundo, são João Crisóstomo comenta: "Com efeito, o que é o pão? É o corpo de Cristo. E em que se transformam aqueles que o recebem? No corpo de Cristo; não muitos corpos, mas um só corpo. De fato, tal como o pão é um só apesar de constituído por muitos grãos, e estes, embora não se vejam, todavia

---

[41] Cf. Conc. Ecum. Vat. II, Decr. sobre o ministério e a vida dos sacerdotes *Presbyterorum ordinis*, n. 5. No n. 6 do mesmo decreto, lê-se: "Nenhuma comunidade cristã se edifica sem ter a sua raiz e o seu centro na celebração da santíssima Eucaristia".

estão no pão, de tal modo que a sua diferença desapareceu devido à sua perfeita e recíproca fusão, assim também nós estamos unidos reciprocamente entre nós e, todos juntos, com Cristo".[42] A argumentação é linear: a nossa união com Cristo, que é dom e graça para cada um, faz com que, nele, sejamos parte também do seu corpo total que é a Igreja. A Eucaristia consolida a incorporação em Cristo operada no Batismo pelo dom do Espírito (cf. 1Cor 12,13.27).

A ação conjunta e indivisível do Filho e do Espírito Santo, que está na origem da Igreja, tanto da sua constituição como da sua continuidade, opera na Eucaristia. Bem ciente disto, o autor da *Liturgia de são Tiago*, na epiclese da anáfora, pede a Deus Pai que envie o Espírito Santo sobre os fiéis e sobre os dons, para que o corpo e o sangue de Cristo "sirvam a todos os que deles participarem [...] de santificação para as almas e os corpos".[43] A Igreja é fortalecida pelo Paráclito divino através da santificação eucarística dos fiéis.

24. O dom de Cristo e do seu Espírito, que recebemos na comunhão eucarística, realiza plena e abundantemente os anseios de unidade fraterna que vivem

---

[42] *Homilias sobre a I Carta aos Coríntios*, 24, 2: *PG* 61, 200; cf. *Didaké*, IX, 4: F. X. Funk, I, 22; são Cipriano, *Epistula* LXIII, 13: *PL* 4, 384.

[43] *Patrologia Orientalis*, 26, 206.

no coração humano e ao mesmo tempo eleva esta experiência de fraternidade, que é a participação comum na mesma mesa eucarística, a níveis que estão muito acima da mera experiência dum banquete humano. Pela comunhão do corpo de Cristo, a Igreja consegue cada vez mais profundamente ser, "em Cristo, como que o sacramento, ou sinal, e o instrumento da íntima união com Deus e da unidade de todo o gênero humano".[44]

Aos germes de desagregação tão enraizados na humanidade por causa do pecado, como demonstra a experiência cotidiana, contrapõe-se *a força geradora de unidade* do corpo de Cristo. A Eucaristia, construindo a Igreja, cria por isso mesmo comunidade entre os homens.

25. O *culto prestado à Eucaristia fora da Missa* é de um valor inestimável na vida da Igreja, e está ligado intimamente com a celebração do sacrifício eucarístico. A presença de Cristo nas hóstias consagradas que se conservam após a missa – presença essa que perdura enquanto subsistirem as espécies do pão e do vinho[45] – resulta da celebração da Eucaristia e destina-se à

---

[44] Conc. Ecum. Vat. II, Const. dogm. sobre a Igreja *Lumen gentium*, n. 1.

[45] Cf. Conc. Ecum. de Trento, Sess. XIII, *Decretum de ss. Eucharistia*, cân. 4: *DS* 1654.

comunhão, sacramental e espiritual.[46] Compete aos Pastores, inclusive pelo testemunho pessoal, estimular o culto eucarístico, de modo particular as exposições do Santíssimo Sacramento e também as visitas de adoração a Cristo presente sob as espécies eucarísticas.[47]

É bom demorar-se com ele e, inclinado sobre o seu peito como o discípulo predileto (cf. Jo 13,25), deixar-se tocar pelo amor infinito do seu coração. Se atualmente o cristianismo se deve caracterizar sobretudo pela "arte da oração",[48] como não sentir de novo a necessidade de permanecer longamente, em diálogo espiritual, adoração silenciosa, atitude de amor, diante de Cristo presente no Santíssimo Sacramento? Quantas vezes, meus queridos irmãos e irmãs, fiz esta experiência, recebendo dela força, consolação, apoio!

Desta prática, muitas vezes louvada e recomendada pelo magistério,[49] deram-nos o exemplo nume-

---

[46] Cf. *Ritual Romano*: *Sagrada Comunhão e Culto do Mistério Eucarístico fora da Missa*, n. 80.

[47] Cf. *ibid.*, nn. 86-90.

[48] João Paulo II, Carta ap. *Novo millennio ineunte* (6 de janeiro de 2001), 32: *AAS* 93 (2001), 288.

[49] "Durante o dia, os fiéis não deixem de visitar o Santíssimo Sacramento, que se deve conservar nas igrejas, no lugar mais digno e com as honras devidas segundo as leis litúrgicas; cada visita é prova de gratidão, sinal de amor e dever de adoração a Cristo ali presente": Paulo VI, Carta enc. *Mysterium fidei* (3 de setembro de 1965): *AAS* 57 (1965), 771.

rosos Santos. De modo particular, distinguiu-se nisto santo Afonso Maria de Ligório, que escrevia: "A devoção de adorar Jesus sacramentado é, depois dos sacramentos, a primeira de todas as devoções, a mais agradável a Deus e a mais útil para nós".[50] A Eucaristia é um tesouro inestimável: não só a sua celebração, mas também o permanecer diante dela fora da missa permite-nos beber na própria fonte da graça. Uma comunidade cristã que queira contemplar melhor o rosto de Cristo, segundo o espírito que sugeri nas cartas apostólicas *Novo millennio ineunte* e *Rosarium Virginis Mariae*, não pode deixar de desenvolver também este aspecto do culto eucarístico, no qual perduram e se multiplicam os frutos da comunhão do corpo e sangue do Senhor.

---

[50] *Visitas ao Santíssimo Sacramento e a Maria Santíssima*, Introdução: *Obras Ascéticas* (Avelino 2000), 295.

Capítulo III

A APOSTOLICIDADE
DA EUCARISTIA E DA IGREJA

26. Se a Eucaristia edifica a Igreja e a Igreja faz a Eucaristia, como antes recordei, conseqüentemente há entre ambas uma conexão estreitíssima, podendo nós aplicar ao mistério eucarístico os atributos que dizemos da Igreja quando professamos, no Símbolo Niceno-Constantinopolitano, que é "una, santa, católica e apostólica". Também a Eucaristia é una e católica; e é santa, antes, é o Santíssimo Sacramento. Mas é principalmente sobre sua apostolicidade que agora queremos concentrar nossa atenção.

27. Quando o *Catecismo da Igreja Católica* explica em que sentido a Igreja se diz apostólica, ou seja, fundada sobre os Apóstolos, individua na expressão um *tríplice sentido*. O primeiro significa que a Igreja "foi e continua a ser construída sobre o 'alicerce dos Apóstolos' (Ef 2,20), testemunhas escolhidas e enviadas

em missão pelo próprio Cristo".[51] Ora, no caso da Eucaristia, os Apóstolos também estão na sua base: naturalmente o sacramento remonta ao próprio Cristo, mas foi confiado por Jesus aos Apóstolos e depois transmitido por eles e seus sucessores até nós. É em continuidade com a ação dos Apóstolos e obedecendo ao mandato do Senhor que a Igreja celebra a Eucaristia ao longo dos séculos.

O segundo sentido que o *Catecismo* indica para a apostolicidade da Igreja é este: ela "guarda e transmite, com a ajuda do Espírito Santo que nela habita, a doutrina, o bom depósito, as sãs palavras recebidas dos Apóstolos".[52] Também neste sentido a Eucaristia é apostólica, porque é celebrada de acordo com a fé dos Apóstolos. Diversas vezes na história bimilenária do povo da nova aliança, o magistério eclesial especificou a doutrina eucarística, nomeadamente quanto à sua exata terminologia, precisamente para salvaguardar a fé apostólica neste excelso mistério. Esta fé permanece imutável, e é essencial para a Igreja que assim continue.

28. Por último, a Igreja é apostólica enquanto "continua a ser ensinada, santificada e dirigida pelos

---

[51] N. 857.

[52] *Ibid.*, n. 857.

Apóstolos até o regresso de Cristo, graças àqueles que lhes sucedem no ofício pastoral: o Colégio dos Bispos, assistido pelos presbíteros, em união com o sucessor de Pedro, pastor supremo da Igreja".[53] Para suceder aos Apóstolos na missão pastoral é necessário o sacramento da ordem, graças a uma série ininterrupta, desde as origens, de ordenações episcopais válidas.[54] Esta sucessão é essencial, para que exista a Igreja em sentido próprio e pleno.

A Eucaristia apresenta também este sentido da apostolicidade. De fato, como ensina o Concílio Vaticano II, "os fiéis por sua parte concorrem para a oblação da Eucaristia, em virtude do seu sacerdócio real",[55] mas é o sacerdote ministerial quem "realiza o sacrifício eucarístico fazendo as vezes de Cristo e oferece-o a Deus em nome de todo o povo".[56] Por isso se prescreve no *Missal Romano* que seja unicamente o sacerdote a recitar a oração eucarística, enquanto o povo se lhe associa com fé e em silêncio.[57]

---

[53] *Ibid.*, n. 857.

[54] Cf. Congr. para a Doutrina da Fé, Carta sobre algumas questões concernentes ao ministro da Eucaristia *Sacerdotium ministeriale* (6 de agosto de 1983), III, 2: *AAS* 75 (1983), 1005.

[55] Const. dogm. sobre a Igreja *Lumen gentium*, n. 10.

[56] *Ibid.*, n. 10.

[57] Cf. *Institutio generalis* (editio typica tertia), n. 147.

29. A afirmação, várias vezes feita no Concílio Vaticano II, de que "o sacerdote ministerial realiza o sacrifício eucarístico fazendo as vezes de Cristo (*in persona Christi*)",[58] estava já bem radicada no magistério pontifício.[59] Como já tive oportunidade de esclarecer em outras ocasiões, a expressão *in persona Christi* "quer dizer algo mais do que 'em nome', ou então 'nas vezes' de Cristo. *In persona*, isto é, na específica e sacramental identificação com o Sumo e Eterno Sacerdote, que é o Autor e o principal Sujeito deste seu próprio sacrifício, no que verdadeiramente não pode ser substituído por ninguém".[60] Na economia de salvação escolhida por Cristo, o ministério dos sacerdotes que receberam o sacramento da ordem manifesta que a Eucaristia, por eles celebrada, é *um dom que supera radicalmente o poder da assembléia* e, em todo o caso, é insubstituível para ligar validamente a consagração eucarística ao sacrifício da cruz e à Última Ceia.

---

[58] Cf. Const. dogm. sobre a Igreja *Lumen gentium*, nn. 10 e 28; Decr. sobre o ministério e a vida dos sacerdotes *Presbyterorum ordinis*, n. 2.

[59] "O ministro do altar age personificando Cristo cabeça, que oferece em nome de todos os membros": Pio XII, Carta enc. *Mediator Dei* (20 de novembro de 1947): *AAS* 39 (1947), 556; cf. Pio X, Exort. ap. *Haerent animo* (4 de agosto de 1908): Pio X, *Acta*, IV, 16; Pio XI, Carta enc. *Ad catholici sacerdotii* (20 de dezembro de 1935): *AAS* 28 (1936), 20.

[60] Carta ap. *Dominicae Cenae* (24 de fevereiro de 1980), 8: *AAS* 72 (1980), 128-129.

A assembléia que se reúne para a celebração da Eucaristia necessita absolutamente de um sacerdote ordenado que a ela presida, para poder ser verdadeiramente uma assembléia eucarística. Por outro lado, a comunidade não é capaz de dotar-se por si só do ministro ordenado. Este é um dom que ela *recebe através da sucessão episcopal que remonta aos Apóstolos*. É o bispo que constitui, pelo sacramento da ordem, um novo presbítero, conferindo-lhe o poder de consagrar a Eucaristia. Por isso, "o mistério eucarístico não pode ser celebrado em nenhuma comunidade a não ser por um sacerdote ordenado, como ensinou expressamente o Concílio Ecumênico Lateranense IV".[61]

30. Tanto esta doutrina da Igreja Católica sobre o ministério sacerdotal na sua relação com a Eucaristia, como a referente ao sacrifício eucarístico foram, nos últimos decênios, objeto de profícuo diálogo no *âmbito da ação ecumênica*. Devemos dar graças à Santíssima Trindade pelos significativos progressos e aproximações que se verificaram e que nos ajudam a esperar um futuro de plena partilha da fé. Permanece plenamente válida ainda a observação feita pelo Concílio

---

[61] Congr. para a Doutrina da Fé, Carta sobre algumas questões concernentes ao ministro da Eucaristia *Sacerdotium ministeriale* (6 de agosto de 1983), III, 4: *AAS* 75 (1983), 1006; cf. IV Conc. Ecum. de Latrão, Const. sobre a fé católica *Firmiter credimus*, cap. 1: *DS* 802.

Vaticano II acerca das Comunidades eclesiais surgidas no Ocidente depois do século XVI e separadas da Igreja Católica: "Embora falte às Comunidades eclesiais de nós separadas a unidade plena conosco proveniente do Batismo, e embora creiamos que elas não tenham conservado a genuína e íntegra substância do mistério eucarístico, sobretudo por causa da falta do sacramento da ordem, contudo, quando na santa Ceia comemoram a morte e a ressurreição do Senhor, elas confessam ser significada a vida na comunhão de Cristo e esperam o seu glorioso advento".[62]

Por isso, os fiéis católicos, embora respeitando as convicções religiosas destes seus irmãos separados, devem abster-se de participar na comunhão distribuída nas suas celebrações, para não dar o seu aval a ambiguidades sobre a natureza da Eucaristia e, conseqüentemente, faltar à sua obrigação de testemunhar com clareza a verdade. Isso acabaria por atrasar o caminho para a plena unidade visível. De igual modo, não se pode pensar em substituir a missa do domingo por celebrações ecumênicas da Palavra, encontros de oração comum com cristãos pertencentes às referidas comunidades eclesiais, ou pela participação no seu serviço litúrgico. Tais celebrações e encontros, em si mesmos

---

[62] Decr. sobre o ecumenismo *Unitatis redintegratio*, n. 22.

louváveis quando em circunstâncias oportunas, preparam para a almejada comunhão plena incluindo a comunhão eucarística, mas não podem substituí-la.

Além disso, o fato de o poder de consagrar a Eucaristia ter sido confiado apenas aos bispos e aos presbíteros não constitui qualquer rebaixamento para o resto do povo de Deus, já que na comunhão do único corpo de Cristo, que é a Igreja, este dom redunda em benefício de todos.

31. Se a Eucaristia é centro e vértice da vida da Igreja, o é igualmente do ministério sacerdotal. Por isso, com espírito repleto de gratidão a Jesus Cristo nosso Senhor, volto a afirmar que a Eucaristia "é a principal e central razão de ser do sacramento do Sacerdócio, que nasceu efetivamente no momento da instituição da Eucaristia e juntamente com ela".[63]

Muitas são as atividades pastorais do presbítero. Se depois se pensa às condições socioculturais do mundo atual, é fácil ver como grava sobre ele *o perigo da dispersão* pelo grande número e diversidade de tarefas. O Concílio Vaticano II individuou como vínculo, que dá unidade à sua vida e às suas atividades, a caridade pastoral. Esta – acrescenta o Concílio – "flui

---

[63] Carta ap. *Dominicae Cenae* (24 de fevereiro de 1980), 2: *AAS* 72 (1980), 115.

sobretudo do sacrifício eucarístico, que permanece o centro e a raiz de toda a vida do presbítero".[64] Compreende-se, assim, quão importante seja para a sua vida espiritual, e depois para o bem da Igreja e do mundo, que o sacerdote ponha em prática a recomendação conciliar de celebrar diariamente a Eucaristia, "porque, mesmo que não possa ter a presença dos fiéis, é ato de Cristo e da Igreja".[65] Deste modo, ele será capaz de vencer toda a dispersão ao longo do dia, encontrando no sacrifício eucarístico, verdadeiro centro da sua vida e do seu ministério, a energia espiritual necessária para enfrentar as diversas tarefas pastorais. Assim, os seus dias tornar-se-ão verdadeiramente eucarísticos.

Da centralidade da Eucaristia na vida e no ministério dos sacerdotes deriva também a sua centralidade na *pastoral em prol das vocações sacerdotais*. Primeiro, porque a oração pelas vocações encontra nela o lugar de maior união com a oração de Cristo, Sumo e Eterno Sacerdote; e, depois, porque a solícita atenção dos sacerdotes pelo ministério eucarístico, juntamente com a promoção da participação consciente, ativa e

---

[64] Decr. sobre o ministério e a vida dos sacerdotes *Presbyterorum ordinis*, n. 14.

[65] *Ibid.*, n. 13; *Código de Direito Canônico*, cân. 904; *Código dos Cânones das Igrejas Orientais*, cân. 378.

frutuosa dos fiéis na Eucaristia, constituem exemplo eficaz e estímulo para uma resposta generosa dos jovens ao apelo de Deus. Com freqüência, ele serve-se do exemplo de zelosa caridade pastoral dum sacerdote para semear e fazer crescer no coração do jovem o germe da vocação ao sacerdócio.

32. Tudo isto comprova como é triste e anômala a situação duma comunidade cristã que, embora se apresente quanto a número e variedade de fiéis como uma paróquia, todavia não tem um sacerdote que a guie. De fato, a paróquia é uma comunidade de batizados que exprime e afirma a sua identidade, sobretudo através da celebração do sacrifício eucarístico; mas isto requer a presença dum presbítero, o único a quem compete oferecer a Eucaristia *in persona Christi*. Quando uma comunidade está privada do sacerdote, procura-se justamente remediar para que de algum modo continuem as celebrações dominicais; e os religiosos ou os leigos que guiam os seus irmãos e irmãs na oração exercem de modo louvável o sacerdócio comum de todos os fiéis, baseado na graça do Batismo. Mas tais soluções devem ser consideradas provisórias, enquanto a comunidade espera um sacerdote.

A deficiência sacramental destas celebrações deve, antes de mais nada, levar toda a comunidade a rezar mais fervorosamente ao Senhor para que mande trabalhadores para a sua messe (cf. Mt 9,38); e estimulá-la a pôr em prática todos os demais elementos constitutivos duma adequada pastoral vocacional, sem ceder à tentação de procurar soluções que passem pela atenuação das qualidades morais e formativas requeridas nos candidatos ao sacerdócio.

33. Quando, devido à escassez de sacerdotes, foi confiada a fiéis não ordenados uma participação no cuidado pastoral duma paróquia, eles tenham presente que, como ensina o Concílio Vaticano II, "nenhuma comunidade cristã se edifica sem ter a sua raiz e o seu centro na celebração eucarística".[66] Portanto, hão de pôr todo o cuidado em manter viva na comunidade uma verdadeira "fome" da Eucaristia, que leve a não perder qualquer ocasião de ter a celebração da Missa, valendo-se nomeadamente da presença eventual de um sacerdote não impedido pelo direito da Igreja de celebrá-la.

---

[66] Decr. sobre o ministério e a vida dos sacerdotes *Presbyterorum ordinis*, n. 6.

Capítulo IV

A EUCARISTIA
E A COMUNHÃO ECLESIAL

34. Em 1985, a Assembléia extraordinária do Sínodo dos Bispos reconheceu a "eclesiologia da comunhão" como a idéia central e fundamental dos documentos do Concílio Vaticano II.[67] Enquanto durar a sua peregrinação aqui na terra, a Igreja é chamada a conservar e promover tanto a comunhão com a Trindade divina como a comunhão entre os fiéis. Para isso, possui a Palavra e os sacramentos, sobretudo a Eucaristia; desta "vive e cresce",[68] e ao mesmo tempo exprime-se nela. Não foi sem razão que o termo *comunhão* se tornou um dos nomes específicos deste sacramento excelso.

---

[67] Cf. *Relação final*, II-C.1: *L'Osservatore Romano* (ed. port. de 22/XII/1985), 651.

[68] Conc. Ecum. Vat. II, Const. dogm. sobre a Igreja *Lumen gentium*, n. 26.

Daí que a Eucaristia se apresente como o sacramento culminante para levar à perfeição a comunhão com Deus Pai através da identificação com o seu Filho Unigênito por obra do Espírito Santo. Com grande intuição de fé, um insigne escritor de tradição bizantina assim exprimia esta verdade: na Eucaristia, "mais do que em qualquer outro sacramento, o mistério [da comunhão] é tão perfeito que conduz ao apogeu de todos os bens: nela está o termo último de todo o desejo humano, porque nela alcançamos Deus e Deus une-se conosco pela união mais perfeita".[69] Por isso mesmo, é conveniente *cultivar continuamente na alma o desejo do sacramento da Eucaristia*. Daqui nasceu a prática da "comunhão espiritual" em uso na Igreja há séculos, recomendada por santos mestres de vida espiritual. Escrevia santa Teresa de Jesus: "Quando não comungais e não participais na missa, comungai espiritualmente, porque é muito vantajoso. [...] Deste modo, imprime-se em vós muito do amor de nosso Senhor".[70]

35. Entretanto a celebração da Eucaristia não pode ser o ponto de partida da comunhão, cuja existência pressupõe, visando a sua consolidação e perfeição. O sacramento exprime esse vínculo de comunhão quer

---

[69] Nicolau Cabasilas, *A vida em Cristo*, IV, 10: *SCh* 355, 270.

[70] *Caminho de perfeição*, c. 35.

na dimensão *invisível* que em Cristo, pela ação do Espírito Santo, nos une ao Pai e entre nós, quer na dimensão *visível* que implica a comunhão com a doutrina dos Apóstolos, os sacramentos e a ordem hierárquica. A relação íntima entre os elementos invisíveis e os elementos visíveis da comunhão eclesial é constitutiva da Igreja como sacramento de salvação.[71] Somente neste contexto, tem lugar a celebração legítima da Eucaristia e a autêntica participação nela. Por isso, uma exigência intrínseca da Eucaristia é que seja celebrada na comunhão e, concretamente, na integridade dos seus vínculos.

36. A comunhão invisível, embora por natureza esteja sempre em crescimento, supõe a vida da graça, pela qual nos tornamos "participantes da natureza divina" (cf. 2Pd 1,4), e a prática das virtudes da fé, da esperança e da caridade. De fato, só deste modo se pode ter verdadeira comunhão com o Pai, o Filho e o Espírito Santo. Não basta a fé; mas é preciso perseverar na graça santificante e na caridade, permanecendo na Igreja com o "corpo" e o "coração";[72] ou seja, usan-

---

[71] Cf. Congr. da Doutrina da Fé, Carta sobre alguns aspectos da Igreja entendida como comunhão *Communionis notio* (28 de maio de 1992), 4: *AAS* 85 (1993), 839-840.

[72] Cf. Conc. Ecum. Vat. II, Const. dogm. sobre a Igreja *Lumen gentium*, n. 14.

do palavras de são Paulo, é necessária "a fé que atua pela caridade" (Gl 5,6).

A integridade dos vínculos invisíveis é um dever moral concreto do cristão que queira participar plenamente na Eucaristia, comungando o corpo e o sangue de Cristo. Um tal dever, recorda-o o referido Apóstolo com a advertência seguinte: "Examine-se cada qual a si mesmo e, então, coma desse pão e beba desse cálice" (1Cor 11,28). Com a sua grande eloqüência, são João Crisóstomo assim exortava os fiéis: "Também eu levanto a voz e vos suplico, peço e esconjuro para não vos abeirardes desta Mesa sagrada com uma consciência manchada e corrompida. De fato, uma tal aproximação nunca poderá chamar-se comunhão, ainda que toquemos mil vezes o corpo do Senhor, mas condenação, tormento e redobrados castigos".[73]

Nessa linha, o *Catecismo da Igreja Católica* estabelece justamente: "Aquele que tiver consciência dum pecado grave, deve receber o sacramento da Reconciliação antes de se aproximar da Comunhão".[74] Desejo, por conseguinte, reafirmar que vigora ainda e sempre há de vigorar na Igreja a norma do Concílio de

---

[73] *Homilias sobre Isaías*, 6, 3: *PG* 56, 139.

[74] N. 1385; cf. *Código de Direito Canônico*, cân. 916; *Código dos Cânones das Igrejas Orientais*, cân. 711.

Trento que concretiza a severa advertência do apóstolo Paulo, ao afirmar que, para uma digna recepção da Eucaristia, "se deve fazer antes a confissão dos pecados, quando alguém está consciente de pecado mortal".[75]

37. A Eucaristia e a Penitência são dois sacramentos intimamente unidos. Se a Eucaristia torna presente o sacrifício redentor da cruz, perpetuando-o sacramentalmente, isso significa que deriva dela uma contínua exigência de conversão, de resposta pessoal à exortação que são Paulo dirigia aos cristãos de Corinto: "Suplicamo-vos em nome de Cristo: reconciliai-vos com Deus" (2Cor 5,20). Se, para além disso, o cristão tem na consciência o peso dum pecado grave, então o itinerário da penitência através do sacramento da Reconciliação torna-se caminho obrigatório para se abeirar e participar plenamente do sacrifício eucarístico.

Tratando-se de uma avaliação de consciência, obviamente o juízo sobre o estado de graça compete apenas ao interessado; mas, em casos de comportamento externo de forma grave, ostensiva e duradoura contrário à norma moral, a Igreja, na sua solicitude

---

[75] Discurso aos membros da Sagrada Penitenciaria Apostólica e aos padres penitenciários das Basílicas Patriarcais de Roma (30 de janeiro de 1981): *AAS* 73 (1981), 203; cf. Conc. Ecum. de Trento, Sess. XIII, *Decretum de ss. Eucharistia*, cap. 7 e cân 11: *DS* 1647, 1661.

pastoral pela boa ordem comunitária e pelo respeito do sacramento, não pode deixar de sentir-se chamada em causa. A esta situação de manifesta infração moral se refere a norma do *Código de Direito Canônico* relativa à não-admissão à comunhão eucarística de quantos "obstinadamente perseverem em pecado grave manifesto".[76]

38. A comunhão eclesial, como atrás recordei, é também *visível*, manifestando-se nos vínculos elencados pelo próprio Concílio Vaticano II quando ensina: "São plenamente incorporados à sociedade que é a Igreja aqueles que, tendo o Espírito de Cristo, aceitam toda a sua organização e os meios de salvação nela instituídos, e que, pelos laços da profissão da fé, dos sacramentos, do governo eclesiástico e da comunhão, se unem, na sua estrutura visível, com Cristo, que a governa por meio do Sumo Pontífice e dos Bispos".[77]

A Eucaristia, como suprema manifestação sacramental da comunhão na Igreja, exige para ser celebrada *um contexto de integridade dos laços, inclusive externos, de comunhão*. De modo especial, sendo ela "como que a perfeição da vida espiritual e o fim para

---

[76] Cân. 915; cf. *Código dos Cânones das Igrejas Orientais*, cân. 712.

[77] Const. dogm. sobre a Igreja *Lumen gentium*, n. 14.

que tendem todos os sacramentos",[78] requer que sejam reais os laços de comunhão nos sacramentos, particularmente no Batismo e na Ordem sacerdotal. Não é possível dar a comunhão a uma pessoa que não esteja batizada ou que rejeite a verdade integral de fé sobre o mistério eucarístico. Cristo é a verdade, e dá testemunho da verdade (cf. Jo 14,6; 18,37); o sacramento do seu corpo e sangue não consente ficções.

39. Além disso, em virtude do caráter próprio da comunhão eclesial e da relação que o sacramento da Eucaristia tem com a mesma, convém recordar que "o sacrifício eucarístico, embora se celebre sempre numa comunidade particular, nunca é uma celebração apenas dessa comunidade: de fato esta, ao receber a presença eucarística do Senhor, recebe o dom integral da salvação e manifesta-se assim, apesar da sua configuração particular que continua visível, como imagem e verdadeira presença da Igreja una, santa, católica e apostólica".[79] Daí que uma comunidade verdadeiramente eucarística não possa fechar-se em si mesma, como se fosse auto-suficiente, mas deve permanecer em sintonia com todas as outras comunidades católicas.

---

[78] Santo Tomás de Aquino, *Summa theologiae*, III, q. 73, a. 3c.

[79] Congr. para a Doutrina da Fé, Carta sobre alguns aspectos da Igreja entendida como comunhão *Communionis notio* (28 de maio de 1992), 11: *AAS* 85 (1993), 844.

A comunhão eclesial da assembléia eucarística é comunhão com o próprio *Bispo* e com o *Romano Pontífice*. Com efeito, o bispo é o princípio visível e o fundamento da unidade na sua Igreja particular.[80] Seria, por isso, uma grande incongruência celebrar o sacramento por excelência da unidade da Igreja sem uma verdadeira comunhão com o bispo. Escrevia santo Inácio de Antioquia: "Seja tida como legítima somente aquela Eucaristia que é presidida pelo bispo ou por quem ele encarregou".[81] De igual modo, visto que "o Romano Pontífice, como sucessor de Pedro, é perpétuo e visível fundamento da unidade não só dos bispos mas também da multidão dos fiéis",[82] a comunhão com ele é uma exigência intrínseca da celebração do sacrifício eucarístico. Esta grande verdade é expressa de vários modos pela Liturgia: "Cada celebração eucarística é feita em união não só com o próprio Bispo mas também com o Papa, com a Ordem episcopal, com todo o clero e com todo o povo. Toda a celebração válida da Eucaristia exprime esta comunhão universal com Pedro e com toda a Igreja ou, como no caso das Igrejas cristãs separadas de Roma, assim a reclama objetivamente".[83]

---

[80] Cf. Conc. Ecum. Vat. II, Const. dogm. sobre a Igreja *Lumen gentium*, n. 23.

[81] *Carta aos cristãos de Esmirna*, 8: *PG* 5, 713.

[82] Conc. Ecum. Vat. II, Const. dogm. sobre a Igreja *Lumen gentium*, n. 23.

[83] Congr. para a Doutrina da Fé, Carta sobre alguns aspectos da Igreja entendida como comunhão *Communionis notio* (28 de maio de 1992), 14: *AAS* 85 (1993), 847.

40. A Eucaristia *cria comunhão* e *educa para a comunhão*. Ao escrever aos fiéis de Corinto, são Paulo fazia-lhes ver como as suas divisões, que se davam nas assembléias eucarísticas, estavam em contraste com o que celebravam – a Ceia do Senhor. E convidava-os, por isso, a refletirem sobre a verdadeira realidade da Eucaristia, para fazê-los voltar ao espírito de comunhão fraterna (cf. 1Cor 11,17-34). Encontramos um válido eco desta exigência em santo Agostinho quando, depois de recordar a afirmação do Apóstolo "vós sois corpo de Cristo e seus membros" (1Cor 12,27), observava: "Se sois o corpo de Cristo e seus membros, é o vosso sacramento que está colocado sobre a mesa do Senhor; é o vosso sacramento que recebeis".[84] E daí concluía: "Cristo Senhor [...] consagrou na sua mesa o sacramento da nossa paz e unidade. Quem recebe o sacramento da unidade, sem conservar o vínculo da paz, não recebe um sacramento para seu benefício, mas antes uma condenação".[85]

41. Esta eficácia peculiar que tem a Eucaristia para promover a comunhão é um dos motivos da importância da Missa dominical. Já me detive sobre esta e outras razões que a tornam fundamental para a vida da

---

[84] *Sermo* 272: *PL* 38, 1247.

[85] *Ibid.*: *o.c.*, 1248.

Igreja e dos fiéis, na carta apostólica sobre a santificação do domingo *Dies Domini*,[86] recordando, para além do mais, que participar na Missa é uma obrigação dos fiéis, a não ser que tenham um impedimento grave, pelo que aos Pastores impõe-se o correlativo dever de oferecerem a todos a possibilidade efetiva de cumprirem o preceito.[87] Mais tarde, na carta apostólica *Novo millennio ineunte*, ao traçar o caminho pastoral da Igreja no início do Terceiro Milênio, quis assinalar de modo particular a Eucaristia dominical, sublinhando a sua eficácia para criar comunhão: "É o lugar privilegiado, onde a comunhão é constantemente anunciada e fomentada. Precisamente através da participação eucarística, o *dia do Senhor* torna-se também o *dia da Igreja*, a qual poderá assim desempenhar de modo eficaz a sua missão de sacramento de unidade".[88]

42. A defesa e promoção da comunhão eclesial é tarefa de todo fiel, que encontra na Eucaristia, como sacramento da unidade da Igreja, um campo de especial solicitude. De forma mais concreta e com particular responsabilidade, a referida tarefa recai sobre os Pastores da Igreja, segundo o grau e o ministério ecle-

---

[86] Cf. nn. 31-51: *AAS* 90 (1998), 731-746.

[87] Cf. *ibid.*, 48-49: *o.c.*, 744.

[88] N. 36: *AAS* 93 (2001), 291-292.

siástico próprio de cada um. Por isso, a Igreja estabeleceu normas que visam promover o acesso freqüente e frutuoso dos fiéis à mesa eucarística e simultaneamente determinar as condições objetivas nas quais se deve abster de administrar a comunhão. O cuidado com que se favorece a sua fiel observância torna-se uma expressão efetiva de amor à Eucaristia e à Igreja.

43. Quando se considera a Eucaristia como sacramento da comunhão eclesial, há um tema que, pela sua importância, não pode ser transcurado: refiro-me à sua *relação com o empenho ecumênico*. Todos devemos dar graças à Santíssima Trindade porque, nestas últimas décadas em todo o mundo, muitos fiéis foram contagiados pelo desejo ardente da unidade entre todos os cristãos. O Concílio Vaticano II, ao princípio do seu decreto sobre o ecumenismo, considera isto como um dom especial de Deus.[89] Foi uma graça eficaz que fez caminhar pela senda ecumênica tanto a nós, filhos da Igreja Católica, como aos nossos irmãos das outras Igrejas e Comunidades eclesiais.

A aspiração por chegar à meta da unidade impele-nos a voltar o olhar para a Eucaristia, que é o sacramento supremo da unidade do povo de Deus, a sua

---

[89] Cf. Decr. sobre o ecumenismo *Unitatis redintegratio*, n. 1.

condigna expressão e fonte insuperável.[90] Na celebração do sacrifício eucarístico, a Igreja eleva a sua prece a Deus, Pai de misericórdia, para que conceda aos seus filhos a plenitude do Espírito Santo de modo que se tornem em Cristo um só corpo e um só espírito.[91] Quando apresenta esta súplica ao Pai das luzes, do Qual provém toda a boa dádiva e todo o dom perfeito (cf. Tg 1,17), a Igreja acredita na eficácia da mesma, porque ora em união com Cristo, Cabeça e Esposo, o qual assume a súplica da Esposa unindo-a à do seu sacrifício redentor.

44. Precisamente porque a unidade da Igreja, que a Eucaristia realiza por meio do sacrifício e da comunhão do corpo e sangue do Senhor, comporta a exigência imprescindível duma completa comunhão nos laços da profissão de fé, dos sacramentos e do governo eclesiástico, não é possível concelebrar a liturgia eucarística enquanto não for restabelecida a integridade de tais laços. A referida concelebração não seria um meio válido, podendo mesmo revelar-se *um obstáculo para se alcançar a plena comunhão*, atenuando o sentido da distância da meta e introduzindo ou

---

[90] Cf. Const. dogm. sobre a Igreja *Lumen gentium*, n. 11.

[91] "Fazei que, participando do único pão e do único cálice, permaneçamos unidos uns aos outros na comunhão do único Espírito Santo": *Anáfora da Liturgia de são Basílio*.

dando aval a ambigüidades sobre algumas verdades da fé. O caminho para a plena união só pode ser construído na verdade. Neste ponto, a interdição na lei da Igreja não deixa espaço a incertezas,[92] atendo-se à norma moral proclamada pelo Concílio Vaticano II.[93]

No entanto quero reafirmar as palavras que ajuntei, na carta encíclica *Ut unum sint,* depois de reconhecer a impossibilidade da partilha eucarística: "E todavia nós temos o desejo ardente de celebrar juntos a única Eucaristia do Senhor, e este desejo torna-se já um louvor comum, uma mesma imploração. Juntos dirigimo-nos ao Pai e fazemo-lo cada vez mais com um só coração".[94]

45. Se não é legítima em caso algum a concelebração quando falta a plena comunhão, o mesmo não acontece relativamente à administração da Eucaristia,

---

[92] Cf. *Código de Direito Canônico,* cân. 908; *Código dos Cânones das Igrejas Orientais,* cân. 702; Pont. Cons. para a Promoção da Unidade dos Cristãos, *Diretório para a aplicação dos princípios e das normas sobre o ecumenismo* (25 de março de 1993), 122-125.129-131: *AAS* 85 (1993), 1086-1089; Congr. da Doutrina da Fé, Carta *Ad exsequendam* (18 de maio de 2001): *AAS* 93 (2001), 786.

[93] "A comunicação nas coisas sagradas que ofende a unidade da Igreja ou inclui adesão formal ao erro ou perigo de aberração na fé, de escândalo e de indiferentismo, é proibida por lei divina": Decr. sobre as Igrejas Católicas orientais *Orientalium Ecclesiarum,* n. 26.

[94] N. 45: *AAS* 87 (1995), 948.

em circunstâncias especiais, a indivíduos pertencentes a Igrejas ou Comunidades eclesiais que não estão em plena comunhão com a Igreja Católica. De fato, neste caso tem-se como objetivo prover a uma grave necessidade espiritual em ordem à salvação eterna dos fiéis, e não realizar uma *intercomunhão*, o que é impossível enquanto não forem plenamente reatados os laços visíveis da comunhão eclesial.

Nesta direção se moveu o Concílio Vaticano II ao fixar como comportar-se com os Orientais que de boa-fé se acham separados da Igreja Católica, quando espontaneamente pedem para receber a Eucaristia do ministro católico e estão bem preparados.[95] Tal modo de proceder seria depois ratificado por ambos os Códigos canônicos, nos quais é contemplado também, com os devidos ajustamentos, o caso dos outros cristãos não-orientais que não estão em plena comunhão com a Igreja Católica.[96]

46. Na encíclica *Ut unum sint*, manifestei a minha complacência por esta norma que consente prover à salvação das almas, com o devido discernimento:

---

[95] Decr. sobre as Igrejas Católicas orientais *Orientalium Ecclesiarum*, n. 27.

[96] Cf. *Código de Direito Canônico*, cân. 844-§§ 3 e 4; *Código dos Cânones das Igrejas Orientais*, cân. 671-§§ 3 e 4.

"É motivo de alegria lembrar que os ministros católicos podem, em determinados casos particulares, administrar os sacramentos da Eucaristia, da Penitência e da Unção dos Enfermos a outros cristãos que não estão em plena comunhão com a Igreja Católica, mas que desejam ardentemente recebê-los, pedem-nos livremente e manifestam a fé que a Igreja Católica professa nestes sacramentos. Reciprocamente, em determinados casos e por circunstâncias particulares, os católicos também podem recorrer, para os mesmos sacramentos, aos ministros daquelas Igrejas onde eles são válidos".[97]

É preciso reparar bem nestas condições que são imprescindíveis, mesmo tratando-se de determinados casos particulares, porque a rejeição duma ou mais verdades de fé relativas a estes sacramentos, contando-se entre elas a necessidade do sacerdócio ministerial para serem válidos, deixa o requerente despreparado para uma legítima recepção dos mesmos. E, vice-versa, também um fiel católico não poderá receber a comunhão numa comunidade onde falte o sacramento da ordem.[98]

---

[97] N. 46: *AAS* 87 (1995), 948.

[98] Cf. Conc. Ecum. Vat. II, Decr. sobre o ecumenismo *Unitatis redintegratio*, n. 22.

A fiel observância do conjunto das normas estabelecidas nesta matéria[99] é prova e simultaneamente garantia de amor por Jesus Cristo no Santíssimo Sacramento, pelos irmãos de outra confissão cristã aos quais é devido o testemunho da verdade, e ainda pela própria causa da promoção da unidade.

---

[99] Cf. *Código de Direito Canônico*, cân. 844; *Código dos Cânones das Igrejas Orientais*, cân. 671.

CAPÍTULO V

O DECORO DA CELEBRAÇÃO EUCARÍSTICA

47. Quando alguém lê o relato da instituição da Eucaristia nos Evangelhos Sinóticos, fica admirado ao ver a simplicidade e simultaneamente a dignidade com que Jesus, na noite da Última Ceia, institui este grande sacramento. Há um episódio que, de certo modo, lhe serve de prelúdio: é *a unção de Betânia*. Uma mulher, que João identifica como sendo Maria, irmã de Lázaro, derrama sobre a cabeça de Jesus um vaso de *perfume precioso*, suscitando nos discípulos – particularmente em Judas (Mt 26,8; Mc 14,4; Jo 12,4) – uma reação de protesto contra tal gesto que, em face das necessidades dos pobres, constituía um "desperdício" intolerável. Mas Jesus faz uma avaliação muito diferente: sem nada tirar ao dever da caridade para com os necessitados, aos quais sempre se hão de dedicar os discípulos – "Pobres, sempre os tereis convosco" (Jo 12,8; cf. Mt 26,11; Mc 14,7) –, ele pensa no momento já próximo da sua morte e sepultura, considerando a unção que lhe foi feita como uma antecipação

daquelas honras de que continuará a ser digno o seu corpo mesmo depois da morte, porque indissoluvelmente ligado ao mistério da sua pessoa.

Nos Evangelhos Sinóticos, a narração continua com o encargo dado por Jesus aos discípulos para fazerem uma *cuidadosa preparação da "grande sala"*, necessária para comer a ceia pascal (cf. Mc 14,15; Lc 22,12), e com a descrição da instituição da Eucaristia. Deixando entrever, pelo menos em parte, o desenrolar dos *ritos hebraicos* da ceia pascal até o canto do "Hallel" (cf. Mt 26,30; Mc 14,26), o relato, de maneira tão concisa como solene, embora com variantes nas diversas tradições, refere as palavras pronunciadas por Cristo sobre o pão e sobre o vinho, assumidos por ele como expressões concretas do seu corpo entregue e do seu sangue derramado. Todos estes particulares são recordados pelos evangelistas à luz duma prática, consolidada já na Igreja primitiva, da "fração do pão". O certo é que, desde o tempo histórico de Jesus, no acontecimento de Quinta-feira Santa são visíveis os traços duma "sensibilidade" litúrgica, modulada sobre a tradição do Antigo Testamento e pronta a "remodular-se" na celebração cristã em sintonia com o novo conteúdo da Páscoa.

48. Tal como a mulher da unção de Betânia, *a Igreja não temeu "desperdiçar"*, investindo o melhor dos seus recursos para exprimir o seu enlevo e adoração

diante do *dom incomensurável da Eucaristia*. À semelhança dos primeiros discípulos encarregados de preparar a "grande sala", ela sentiu-se impelida, ao longo dos séculos e no alternar-se das culturas, a celebrar a Eucaristia num ambiente digno de tão grande mistério. Foi sob o impulso das palavras e gestos de Jesus, desenvolvendo a herança ritual do judaísmo, que nasceu *a liturgia cristã*. Porventura haverá algo que seja capaz de exprimir de forma devida o acolhimento do dom que o Esposo divino continuamente faz de si mesmo à Igreja-Esposa, colocando ao alcance das sucessivas gerações de crentes o sacrifício que ofereceu uma vez por todas na cruz e tornando-se alimento para todos os fiéis? Se a idéia do "banquete" inspira familiaridade, a Igreja nunca cedeu à tentação de banalizar esta "intimidade" com o seu Esposo, recordando-se que ele é também o seu Senhor e que, embora "banquete", permanece sempre um banquete sacrificial, assinalado com o sangue derramado no Gólgota. *O Banquete eucarístico é verdadeiramente banquete "sagrado"*, onde, na simplicidade dos sinais, se esconde o abismo da santidade de Deus: *O Sacrum convivium, in quo Christus sumitur!* — "Ó Sagrado Banquete, em que se recebe Cristo!" O pão que é repartido nos nossos altares, oferecido à nossa condição de viandantes pelas estradas do mundo, é *"panis angelorum"*, pão dos anjos, do qual só é possível abeirar-se com a humildade do centurião do Evangelho: "Senhor, eu não sou digno que entres debaixo do meu teto" (Mt 8,8; Lc 6,6).

49. Movida por este elevado sentido do mistério, compreende-se como a fé da Igreja no mistério eucarístico se tenha exprimido ao longo da história não só através da exigência duma atitude interior de devoção, mas também *mediante uma série de expressões exteriores*, tendentes a evocar e sublinhar a grandeza do acontecimento celebrado. Daqui nasce o percurso que levou progressivamente a delinear *um estatuto especial de regulamentação da liturgia eucarística*, no respeito pelas várias tradições eclesiais legitimamente constituídas. Sobre a mesma base, desenvolveu-se *um rico patrimônio de arte*. Deixando-se orientar pelo mistério cristão, a arquitetura, a escultura, a pintura, a música encontraram na Eucaristia, direta ou indiretamente, um motivo de grande inspiração.

Tal é, por exemplo, o caso da arquitetura que viu a passagem, logo que o contexto histórico o permitiu, da sede inicial da Eucaristia colocada na *"domus"* das famílias cristãs às solenes *basílicas* dos primeiros séculos, às imponentes *catedrais* da Idade Média, até as *igrejas*, grandes ou pequenas, que pouco a pouco foram constelando as terras onde o cristianismo chegou. Também as formas dos altares e dos sacrários se foram desenvolvendo no interior dos espaços litúrgicos, seguindo não só os motivos da imaginação criadora, mas também os ditames duma compreensão específica do Mistério. O mesmo se pode dizer da *música sacra*; basta pensar às inspiradas melodias gregorianas, aos numerosos e, freqüentemente, grandes autores que se afirmaram com os textos litúrgicos da santa missa. E não sobressai porventura uma enorme quantidade de *produções artísticas*, desde realizações de um bom artesanato até verdadeiras obras de arte, no âmbito dos objetos e dos paramentos utilizados na celebração eucarística?

Deste modo, pode-se afirmar que a Eucaristia, ao mesmo tempo que plasmou a Igreja e a espiritualidade, incidiu intensamente sobre a "cultura", especialmente no setor estético.

50. Neste esforço de adoração do mistério, visto na sua perspectiva ritual e estética, empenharam-se, como se fosse uma "competição", os cristãos do Ocidente e do Oriente. Como não dar graças ao Senhor especialmente pelo contributo prestado à arte cristã pelas grandes obras arquitetônicas e pictóricas da tradição greco-bizantina e de toda a área geográfica e cultural eslava? No Oriente, a arte sacra conservou um sentido singularmente intenso do mistério, levando os artistas a conceberem o seu empenho na produção do

belo não apenas como expressão do seu gênio, mas também como *autêntico serviço à fé*. Não se contentando apenas da sua perícia técnica, souberam abrir-se com docilidade ao sopro do Espírito de Deus.

Os esplendores das arquiteturas e dos mosaicos no Oriente e no Ocidente cristão são um patrimônio universal dos crentes, contendo em si mesmos um voto e – diria – um penhor da desejada plenitude de comunhão na fé e na celebração. Isto supõe e exige, como na famosa pintura da Trindade de Rublëv, *uma Igreja profundamente "eucarística"*, na qual a partilha do mistério de Cristo no pão repartido esteja de certo modo imersa na unidade inefável das três Pessoas divinas, fazendo da própria Igreja um "ícone" da Santíssima Trindade.

Nesta perspectiva duma arte que em todos os seus elementos visa exprimir o sentido da Eucaristia segundo a doutrina da Igreja, é preciso prestar toda a atenção às normas que regulamentam a *construção e o adorno dos edifícios sacros*. A Igreja sempre deixou largo espaço criativo aos artistas, como a história o demonstra e como eu mesmo sublinhei na *Carta aos Artistas*;[100] mas, a arte sacra deve caracterizar-se pela sua capacidade de exprimir adequadamente o mistério

---

[100] Cf. *AAS* 91 (1999), 1155-1172.

lido na plenitude de fé da Igreja e segundo as indicações pastorais oportunamente dadas pela competente autoridade. Isto vale tanto para as artes figurativas como para a música sacra.

51. O que aconteceu em terras de antiga cristianização no âmbito da arte sacra e da disciplina litúrgica, está a verificar-se também *nos continentes onde o cristianismo é mais jovem*. Tal é a orientação assumida pelo Concílio Vaticano II a propósito da exigência duma sã e necessária "inculturação". Nas minhas numerosas viagens pastorais, pude observar por todo o lado a grande vitalidade de que é capaz a celebração eucarística em contato com as formas, os estilos e as sensibilidades das diversas culturas. Adaptando-se a condições variáveis de tempo e espaço, a Eucaristia oferece alimento não só aos indivíduos, mas ainda aos próprios povos, e plasma culturas de inspiração cristã.

Mas é necessário que tão importante trabalho de adaptação seja realizado na consciência constante deste mistério inefável, com que cada geração é chamada a encontrar-se. O "tesouro" é demasiado grande e precioso para se correr o risco de o empobrecer ou prejudicar com experimentações ou práticas introduzidas sem uma cuidadosa verificação pelas competentes autoridades eclesiásticas. Além disso, a centralidade do mistério eucarístico requer que tal verificação seja feita em estreita relação com a Santa Sé. Como escrevia na exortação apostólica pós-sinodal *Ecclesia in Asia*, "tal colaboração é essencial porque a Liturgia Sagrada exprime e celebra a única fé professada por todos e, sendo herança de toda a Igreja, não pode ser determinada pelas Igrejas locais isoladamente da Igreja universal".[101]

52. De quanto fica dito, compreende-se a grande responsabilidade que têm sobretudo os sacerdotes na celebração eucarística, à qual presidem *in persona Christi*, assegurando um testemunho e um serviço de comunhão não só à comunidade que participa diretamente na celebração, mas também à Igreja universal, sempre mencionada na Eucaristia. Temos a lamentar, infelizmente, que sobretudo a partir dos anos da reforma litúrgica pós-conciliar, por um ambíguo sentido de criatividade e adaptação, *não faltaram abusos*, que foram motivo de sofrimento para muitos. Uma certa reação contra o "formalismo" levou alguns, especialmente em determinadas regiões, a considerarem não obrigatórias as "formas" escolhidas pela grande tradição litúrgica da Igreja e do seu magistério e a introduzirem inovações não autorizadas e muitas vezes completamente impróprias.

---

[101] N. 22: *AAS* 92 (2000), 485.

Por isso, sinto o dever de fazer um veemente apelo para que as normas litúrgicas sejam observadas, com grande fidelidade, na celebração eucarística. Constituem uma expressão concreta da autêntica eclesialidade da Eucaristia; tal é o seu sentido mais profundo. A liturgia nunca é propriedade privada de alguém, nem do celebrante, nem da comunidade onde são celebrados os santos mistérios. O apóstolo Paulo teve de dirigir palavras ásperas à comunidade de Corinto pelas falhas graves na sua celebração eucarística, que tinham dado origem a divisões (*skísmata*) e à formação de facções (*'airéseis*) (cf. 1Cor 11,17-34). Atualmente também deveria ser redescoberta e valorizada a obediência às normas litúrgicas como reflexo e testemunho da Igreja, una e universal, que se torna presente em cada celebração da Eucaristia. O sacerdote, que celebra fielmente a Missa segundo as normas litúrgicas, e a comunidade, que às mesmas adere, demonstram de modo silencioso mas expressivo o seu amor à Igreja. Precisamente para reforçar este sentido profundo das normas litúrgicas, pedi aos dicastérios competentes da Cúria Romana que preparem, sobre este tema de grande importância, um documento específico, incluindo também referências de caráter jurídico. A ninguém é permitido aviltar este mistério que está confiado às nossas mãos: é demasiado grande para que alguém possa permitir-se de tratá-lo a seu livre arbítrio, não respeitando o seu caráter sagrado nem a sua dimensão universal.

Capítulo VI

NA ESCOLA DE MARIA, MULHER "EUCARÍSTICA"

53. Se quisermos redescobrir em toda a sua riqueza a relação íntima entre a Igreja e a Eucaristia, não podemos esquecer Maria, Mãe e modelo da Igreja. Na carta apostólica *Rosarium Virginis Mariae*, depois de indicar a Virgem Santíssima como Mestra na contemplação do rosto de Cristo, inseri também entre os mistérios da luz a *instituição da Eucaristia*.[102] Com efeito, Maria pode guiar-nos para o Santíssimo Sacramento porque tem uma profunda ligação com ele.

À primeira vista, o Evangelho nada diz a tal respeito. A narração da instituição, na noite de Quinta-feira Santa, não fala de Maria. Mas sabe-se que ela estava presente no meio dos Apóstolos, quando, "unidos pelo mesmo sentimento, se entregavam assiduamente à oração" (At 1,14), *na primeira comunidade*

---

[102] Cf. n. 21: *AAS* 95 (2003), 20.

que se reuniu depois da Ascensão à espera do Pentecostes. E não podia certamente deixar de estar presente, nas celebrações eucarísticas, no meio dos fiéis da primeira geração cristã, que eram assíduos à "fração do pão" (At 2,42).

Para além da sua participação no banquete eucarístico, pode-se delinear a relação de Maria com a Eucaristia indiretamente a partir da sua atitude interior. *Maria é mulher "eucarística" na totalidade da sua vida.* A Igreja, vendo em Maria o seu modelo, é chamada a imitá-la também na sua relação com este mistério santíssimo.

54. *Mysterium fidei!* Se a Eucaristia é um mistério de fé que excede tanto a nossa inteligência que nos obriga ao mais puro abandono à Palavra de Deus, ninguém melhor do que Maria pode servir-nos de apoio e guia nesta atitude de abandono. Todas as vezes que repetimos o gesto de Cristo na Última Ceia dando cumprimento ao seu mandato: "Fazei isto em memória de mim", ao mesmo tempo acolhemos o convite que Maria nos faz para obedecermos a seu Filho sem hesitação: "Fazei o que ele vos disser" (Jo 2,5). Com a solicitude materna manifestada nas bodas de Caná, ela parece dizer-nos: "Não hesiteis, confiai na palavra do meu Filho. Se ele pôde mudar a água em vinho, também é capaz de fazer do pão e do vinho o seu corpo e sangue,

entregando aos crentes, neste mistério, o memorial vivo da sua Páscoa e tornando-se assim 'pão de vida'".

55. De certo modo, Maria praticou a sua *fé eucarística* ainda antes de ser instituída a Eucaristia, quando *ofereceu o seu ventre virginal para a encarnação do Verbo de Deus*. A Eucaristia, ao mesmo tempo que evoca a paixão e a ressurreição, coloca-se no prolongamento da encarnação. E Maria, na anunciação, concebeu o Filho divino também na realidade física do corpo e do sangue, em certa medida antecipando nela o que se realiza sacramentalmente em cada crente quando recebe, no sinal do pão e do vinho, o corpo e o sangue do Senhor.

Existe, pois, uma *profunda analogia* entre o *fiat* pronunciado por Maria, em resposta às palavras do Anjo, e o *amém* que cada fiel pronuncia quando recebe o corpo do Senhor. A Maria foi-lhe pedido para acreditar que Aquele que Ela concebia "por obra do Espírito Santo" era o "Filho de Deus" (cf. Lc 1,30-35). Dando continuidade à fé da Virgem Santa, no mistério eucarístico é-nos pedido para crer que aquele mesmo Jesus, Filho de Deus e Filho de Maria, torna-se presente nos sinais do pão e do vinho com todo o seu ser humano-divino.

"Feliz daquela que acreditou" (Lc 1,45): Maria antecipou também, no mistério da encarnação, a fé eucarística da Igreja. E, na visitação, quando leva no seu ventre o Verbo encarnado, de certo modo ela serve de "sacrário" – o primeiro "sacrário" da história –, para o Filho de Deus, que, ainda invisível aos olhos dos homens, se presta à adoração de Isabel, como que "irradiando" a sua luz através dos olhos e da voz de Maria. E o olhar extasiado de Maria, quando contemplava o rosto de Cristo recém-nascido e o estreitava nos seus braços, não é porventura o modelo inatingível de amor a que se devem inspirar todas as nossas comunhões eucarísticas?

56. Ao longo de toda a sua existência ao lado de Cristo, e não apenas no Calvário, Maria viveu a *dimensão sacrificial da Eucaristia*. Quando levou o menino Jesus ao templo de Jerusalém, "para o apresentar ao Senhor" (Lc 2,22), ouviu o velho Simeão anunciar que aquele Menino seria "sinal de contradição" e que uma "espada" havia de trespassar também a alma dela (cf. Lc 2,34-35). Assim foi vaticinado o drama do Filho crucificado e de algum modo prefigurado o *"stabat Mater"* aos pés da Cruz. Preparando-se dia a dia para o Calvário, Maria vive uma espécie de "Eucaristia antecipada", dir-se-ia uma "comunhão espiritual" de desejo e oferta, que terá o seu cumprimento na união com o Filho durante a Paixão, e manifestar-se-á depois, no período pós-pascal, na sua participação na celebração eucarística, presidida pelos Apóstolos, como "memorial" da Paixão.

Impossível imaginar os sentimentos de Maria, ao ouvir dos lábios de Pedro, João, Tiago e restantes após-tolos as palavras da Última Ceia: "Isto é o meu corpo que vai ser entregue por vós" (Lc 22,19). Aquele cor-po, entregue em sacrifício e presente agora nas espé-cies sacramentais, era o mesmo corpo concebido no seu ventre! Receber a Eucaristia devia significar para Maria quase acolher de novo no seu ventre aquele co-ração que batera em uníssono com o dela e reviver o que tinha pessoalmente experimentado junto da Cruz.

57. "Fazei isto em memória de mim" (Lc 22,19). No "memorial" do Calvário, está presente tudo o que Cristo realizou na sua paixão e morte. Por isso, não pode faltar *o que Cristo fez para com sua Mãe* em nosso favor. De fato, entrega-lhe o discípulo predileto e, nele, entrega cada um de nós: "Eis aí o teu filho". E de igual modo diz a cada um de nós também: "Eis aí a tua mãe" (cf. Jo 19,26-27).

Viver o memorial da morte de Cristo na Eucaris-tia implica também receber continuamente este dom. Significa levar conosco – a exemplo de João – Aquela que sempre de novo nos é dada como Mãe. Significa ao mesmo tempo assumir o compromisso de nos con-formarmos com Cristo, entrando na escola da Mãe e aceitando a sua companhia. Maria está presente, com a Igreja e como Mãe da Igreja, em cada uma das celebrações eucarísticas. Se Igreja e Eucaristia são um binômio indivisível, o mesmo é preciso afirmar do binômio Maria e Eucaristia. Por isso mesmo, desde a antiguidade é unânime nas Igrejas do Oriente e do Ocidente a recordação de Maria na celebração eucarística.

58. Na Eucaristia, a Igreja une-se plenamente a Cristo e ao seu sacrifício, com o mesmo espírito de Maria. Tal verdade pode-se aprofundar *relendo o Magnificat em perspectiva eucarística*. De fato, como o cântico de Maria, também a Eucaristia é primariamente louvor e ação de graças. Quando exclama: "A minha alma glorifica ao Senhor e o meu espírito exulta de alegria em Deus meu Salvador", Maria traz no seu ventre Jesus. Louva o Pai "por" Jesus, mas louva-o também "em" Jesus e "com" Jesus. É nisto precisamente que consiste a verdadeira "atitude eucarística".

Ao mesmo tempo Maria recorda as maravilhas operadas por Deus ao longo da história da salvação, segundo a promessa feita aos nossos pais (cf. Lc 1, 55), anunciando a maravilha mais sublime de todas: a encarnação redentora. Enfim, no *Magnificat* está presente a tensão escatológica da Eucaristia. Cada vez que o Filho de Deus se torna presente entre nós na "pobreza" dos sinais sacramentais, pão e vinho, é lançado no mundo o germe daquela história nova, que verá os poderosos "derrubados dos seus tronos" e "exaltados os humildes" (cf. Lc 1,52). Maria canta aquele "novo céu" e aquela "nova terra", cuja antecipação e em certa medida a "síntese" programática se encontram na Eucaristia. Se o *Magnificat* exprime a espiritualidade de Maria, nada melhor do que esta espiritualidade nos pode ajudar a viver o mistério eucarístico. Recebemos o dom da Eucaristia, para que a nossa vida, à semelhança da de Maria, seja toda ela um *magnificat!*

CONCLUSÃO

59. "*Ave, verum corpus natum de Maria Virgine*". Celebrei há poucos anos as bodas de ouro do meu sacerdócio. Hoje tenho a graça de oferecer à Igreja esta encíclica sobre a Eucaristia, na Quinta-feira Santa do *meu vigésimo quinto ano de ministério petrino*. Faço-o com o coração cheio de gratidão. Há mais de meio século todos os dias, a começar daquele 2 de novembro de 1946 quando celebrei a minha Missa Nova na cripta de são Leonardo na catedral do Wawel, em Cracóvia, os meus olhos concentram-se sobre a hóstia e sobre o cálice onde o tempo e o espaço de certo modo estão "contraídos" e o drama do Gólgota é representado ao vivo, desvendando a sua misteriosa "contemporaneidade". Cada dia pôde a minha fé reconhecer no pão e no vinho consagrados aquele Viandante divino que um dia se pôs a caminho com os dois discípulos de Emaús para abrir-lhes os olhos à luz e o coração à esperança (cf. Lc 24,13-35).

Deixai, meus queridos irmãos e irmãs, que dê com íntima emoção, em companhia e para conforto da vossa fé, o meu testemunho de fé na Eucaristia: "*Ave, verum corpus natum de Maria Virgine, / vere passum, immolatum, in cruce pro homine!"* Eis aqui o tesouro da Igreja, o coração do mundo, o penhor da meta pela qual, mesmo inconscientemente, suspira todo homem. Mistério grande, que nos excede – é certo – e põe a dura prova a capacidade da nossa mente em avançar para além das aparências. Aqui os nossos sentidos falham – *"visus, tactus, gustus in te fallitur"*, diz-se no hino *Adoro te devote* –; mas basta-nos simplesmente a fé, radicada na palavra de Cristo que nos foi deixada pelos Apóstolos. Como Pedro no fim do discurso eucarístico, segundo o evangelho de João, deixai que eu repita a Cristo, em nome da Igreja inteira, em nome de cada um de vós: "Senhor, para quem havemos nós de ir? Tu tens palavras de vida eterna" (Jo 6,68).

60. Na aurora deste Terceiro Milênio, todos nós, filhos da Igreja, somos convidados a progredir com renovado impulso na vida cristã. Como escrevi na carta apostólica *Novo millennio ineunte*, "não se trata de inventar um "programa novo". O programa já existe: é o mesmo de sempre, expresso no Evangelho e na Tradição viva. Concentra-se, em última análise, no próprio Cristo, que temos de conhecer, amar, imitar, para nele viver a vida trinitária e com ele transformar a história até à sua plenitude na Jerusalém celeste".[103]

---

[103] N. 29: *AAS* 93 (2001), 285.

A concretização deste programa de um renovado impulso na vida cristã passa pela Eucaristia.

Cada esforço de santidade, cada iniciativa para realizar a missão da Igreja, cada aplicação dos planos pastorais deve extrair a força de que necessita do mistério eucarístico e orientar-se para ele como o seu ponto culminante. Na Eucaristia, temos Jesus, o seu sacrifício redentor, a sua ressurreição, temos o dom do Espírito Santo, temos a adoração, a obediência e o amor ao Pai. Se transcurássemos a Eucaristia, como poderíamos dar remédio à nossa indigência?

61. O mistério eucarístico – sacrifício, presença, banquete – *não permite reduções nem instrumentalizações*; há de ser vivido na sua integridade, quer na celebração, quer no colóquio íntimo com Jesus acabado de receber na comunhão, quer no período da adoração eucarística fora da Missa. Então a Igreja fica solidamente edificada, e exprime-se o que ela é verdadeiramente: una, santa, católica e apostólica; povo, templo e família de Deus; corpo e esposa de Cristo, animada pelo Espírito Santo; sacramento universal de salvação e comunhão hierarquicamente organizada.

O caminho que a Igreja percorre nestes primeiros anos do Terceiro Milênio é também *caminho de renovado empenho ecumênico*. Os últimos decênios do Segundo Milênio, com o seu apogeu no Grande

Jubileu do ano 2000, impeliram-nos nesta direção, convidando todos os batizados a corresponderem à oração de Jesus *"ut unum sint"* (Jo 17,11). É um caminho longo, cheio de obstáculos que superam a capacidade humana; mas temos a Eucaristia e, na sua presença, podemos ouvir no fundo do coração, como que dirigidas a nós, as mesmas palavras que ouviu o profeta Elias: "Levanta-te e come, porque ainda tens um caminho longo a percorrer" (1Rs 19,7). O tesouro eucarístico, que o Senhor pôs à nossa disposição, incita-nos para a meta que é a sua plena partilha com todos os irmãos, aos quais estamos unidos pelo mesmo Batismo. Mas para não desperdiçar esse tesouro, é preciso respeitar as exigências que derivam do fato de ele ser sacramento da comunhão na fé e na sucessão apostólica.

Dando à Eucaristia todo o realce que merece e procurando com todo o cuidado não atenuar nenhuma das suas dimensões ou exigências, damos provas de estar verdadeiramente conscientes da grandeza deste dom. A isto nos convida uma tradição ininterrupta desde os primeiros séculos, que mostra a comunidade cristã vigilante na defesa deste "tesouro". Movida pelo amor, a Igreja preocupa-se em transmitir às sucessivas gerações cristãs a fé e a doutrina sobre o mistério eucarístico, sem perder qualquer fragmento. E não há perigo de exagerar no cuidado que lhe dedicamos, porque, "neste sacramento, se condensa todo o mistério da nossa salvação".[104]

62. Meus queridos irmãos e irmãs, vamos *à escola dos Santos*, grandes intérpretes da verdadeira piedade eucarística. Neles, a teologia da Eucaristia adquire todo o brilho duma vivência, "contagia-nos" e, por assim dizer, nos "abrasa". Ponhamo-nos sobretudo *à escuta de Maria Santíssima*, porque nela, como em mais ninguém, o mistério eucarístico aparece como o *mistério da luz*. Olhando-a, conhecemos a *força transformadora que possui a Eucaristia*. Nela, vemos o mundo renovado no amor. Contemplando-a elevada ao Céu em corpo e alma, vemos um pedaço do "novo céu" e da "nova terra" que se hão de abrir diante dos nossos olhos na segunda vinda de Cristo. A Eucaristia constitui aqui na terra o seu penhor e, de algum modo, antecipação: *"Veni, Domine Iesu!"* (Ap 22,20).

Nos sinais humildes do pão e do vinho transubstanciados no seu corpo e sangue, Cristo caminha conosco, como nossa força e nosso viático, e torna-nos testemunhas de esperança para todos. Se a razão experimenta os seus limites diante deste mistério, o coração iluminado pela graça do Espírito Santo intui bem

---

[104] Santo Tomás de Aquino, *Summa theologiae*, III, q. 83, a. 4c.

como comportar-se, entranhando-se na adoração e num amor sem limites.

Façamos nossos os sentimentos de santo Tomás de Aquino, máximo teólogo e ao mesmo tempo cantor apaixonado de Jesus eucarístico, e deixemos que o nosso espírito se abra também na esperança à contemplação da meta pela qual suspira o coração, sedento como é de alegria e de paz:

"Bone Pastor, panis vere
Iesu, nostri miserere...."
"Bom Pastor, pão da verdade,
Tende de nós piedade,
Conservai-nos na unidade,
Extingui nossa orfandade
E conduzi-nos ao Pai.
Aos mortais dando comida
Dais também o pão da vida:
Que a família assim nutrida
Seja um dia reunida
Aos convivas lá do Céu."

Dado em Roma, junto de são Pedro, no dia 17 de abril, Quinta-feira Santa, do ano 2003, vigésimo quinto do meu Pontificado e Ano do Rosário.

✠ PAPA JOÃO PAULO II

SUMÁRIO

Introdução 3

Capítulo I
Mistério da fé 15

Capítulo II
A eucaristia edifica a Igreja 29

Capítulo III
A apostolicidade da Eucaristia e da Igreja 37

Capítulo IV
A Eucaristia e a comunhão eclesial 47

Capítulo V
O decoro da celebração eucarística 63

Capítulo VI
Na escola de Maria, mulher "eucarística" 73

Conclusão 81

Rua Dona Inácia Uchoa, 62
04110-020 – São Paulo – SP (Brasil)
Tel.: (11) 2125-3500
paulinas.com.br – editora@paulinas.com.br
Telemarketing e SAC: 0800-7010081